그리스도와의 연합을 위한 사도 바울의 기도

국립중앙도서관 출판예정도서목록(CIP)

그리스도와의 연합을 위한 사도 바울의 기도 / 지은이: 존 넬슨 다비 ; 엮은이: 이종수. -- [서울] : 형제들의 집, 2017

　　　p. ;　　cm

원표제: Praying with Paul
원저자명: John Nelson Darby
영어 원작을 한국어로 번역
ISBN 978-89-93141-89-4 03230 : ₩10000

구원론[救援論]
기독교[基督敎]

231.4-KDC6
234-DDC23

CIP2017013783

그리스도와의 연합을 위한
사도 바울의 기도

존 넬슨 다비 지음 | 이종수 엮음

형제들의 집

차 례

엮은이 서문 6

1부 그리스도와 함께 하늘에 앉으라

제 1장. 그리스도와 성화 13

제 2장. 그리스도와 함께 다시 살리심을 받다 42

제 3장. 하나님의 안식, 성도의 안식 60

제 4장. 하나님의 안식에 들어가는 길 80

제 5장. 새로운 상태 97

제 6장. 기도 101

2부 바울과 함께 기도하라

제 7장. 에베소서 1장과 3장의 기도 113

제 8장. 에베소서 1장과 3장의 기도 비교 128

제 9장. 에베소서 1장 15-23절과 3장 14-21절 138

제 10장. 우리 속에서 역사하는 능력 151

제 11장. 은혜와 통치 157

제 12장. 하늘에서 일어나는 영적 전쟁 174

엮은이 서문

기도를 통해
그리스도와의 연합의 실제 속으로 들어가라!

　하나님은 "그리스도와의 연합"이라는 영광스러운 진리를 우리에게 주셨다. 어려서부터 교회 다니며 종교생활을 하던 내가 거듭남과 죄 사함의 은혜를 처음 체험했을 때의 감격은 이루 말할 수 없을 정도로 기뻤고 또 행복했다. 하지만 하나님의 법을 기뻐하고 즐거워하며, 성화의 삶을 살고자 했던 나는 노력하면 할수록 더욱 깊이 로마서 7장 상태에 빠져 들어가는 것을 느끼며, 괴로운 나날을 이어갔다. 아무도 영적 해방과 그리스도와의 연합이라는 진리를 소개해주는 사람이 없었기에, 나는 곤고하고 비참한 신앙생활을 이어갈 수밖에 없었고 심지어 로마서 7장의 상태는 "영적인 그리스도인의 삶의 정수"라는 개혁주의 신학자의 설명을 들으며 나름 안도의 숨을 쉬기도 했다.

　하지만 19세기 제2의 종교개혁으로 불렸던 "플리머스 형제단 운동"의 영적 지도자, 존 넬슨 다비를 알게 되고, 그의 간증과 그의 가르침을 통해서 처음으로 그리스도와의 연합이라는 진리를 접했을 때, 느꼈던 감동과 감격은 이루 말로 형언할 수가 없었다. 거듭난 사람으로서, 거듭남과 죄 사함의 진리가 전부인줄만 알고 있던 나에게 그리스도와 하나가 되고 하늘에서 연합을 이루었다는 그때의 벅찬 감동은 아직도 생생한 기억으로 자리매김하고 있다.

그 후 하나님은 우리에게 그저 천당가는 티켓 정도의 구원을 주신 것이 아니라, 고작 그 정도의 은혜만을 주신 것이 아니라, 그리스도와의 연합을 통해서 그리스도의 자리와 그리스도의 영광을 우리에게 주실 정도로 그 크신 은혜와 사랑을 베푸신 사실을 보게 되었고, 이에 나는 머리 숙여 마음 깊이 하나님께 경배를 올릴 수 있었다. 하나님께서는 그리스도의 죽음에 연합하고, 부활에 연합하며, 그리스도의 승천과 영광에 연합되는 길을 열어주셨고, 이전 거듭났지만 로마서 7장 상태에 갇힌 상태에서 영적으로 곤고하고 비참한 신앙생활을 했던 때와는 전혀 다른 차원의 구원의 기쁨을 만끽하게 하셨다. 그리스도와의 연합의 진리는 이 시대 성령의 사역이며, 성령 사역의 핵심이자 중심인 것을 여실히 깨닫게 해주신 것이다.

하지만 아직 한국교회는, 하나님이 그리스도 예수 안에서 주신 이처럼 영광스러운 구원을 그저 천당가는 티켓 정도로만 알뿐 그 이상의 추구가 없는 것을 보며, 그저 안타까운 마음을 금할 길이 없다.

다행히 감사한 것은, 그리스도와의 연합의 진리를 배우고 또 순종함으로써 이 진리가 주는 유익을 조금씩 맛보는 분들이 일어나고 있다는 것이다. 진정 이 진리를 맛보았다면, 이 진리의 실제 속으로 더욱 깊이 들어가길 추구하라. 그리하면 그리스도와의 연합의 진리를 담고 있는 사도 바울의 서신이 점차적으로 열리게 될 것이며, 성령께서 열어주시는 말씀을 통해서 그리스도의 풍성과 부요와 충만이 내 속으로 들어오는 것을 실감하게 될 것이다.

이 책은 그리스도와의 연합이라는 진리를 접한 사람들로 하여금 사도 바울과 더불어 기도함으로써, 우리 삶에 그리스도의 임재의 효력을 더욱 풍성하게 맛보게 하고, 성령의 내적 능력을 그 속에 가진 사람으로 살아가는 길을 열어준다. 이 책을 기도하는 마음으로 읽는다면, 더욱 그리스도와의 연합의 실제 속으로 들어가게 될 것이며, 그리스도의 사랑을 내적 영성의 중심으로 삼게 될 뿐만 아니라, 나는 죽고 그리스도로 사는 삶의 지평이 더욱 넓어지게 될 것이다.

엮은이 이 종 수

※ 일러두기 : 글이 시작되는 부분에 있는 숫자는, 다비의 글을 편집한 영문 편집자가 독자들을 안내하기 위해서 표시해 둔 것입니다. 원서를 참고하기 원하는 독자들을 위해서 숫자를 표기하였으니, 원서와 대조해서 보는 기쁨을 누리시길 바랍니다.

제 1장
그리스도와 성화
Christ and Sanctification

48

나는 지난 50년 동안 영적 해방을 풍성히 누려오고 있다. 하지만 아쉬운 점은 복음주의 세계가 영적 해방의 진리를 부정하고 있다는 점이다. 피어살 스미스Pearsall Smith는 소책자에서 "더 나은 삶"으로 들어가려면 로마서 7장을 통과해서 로마서 6장과 8장으로 들어가야 한다고 말했다. 그 점은 내가 누누이 강조해온 내용이다. 물을 통해서 정결하게 되는 내용을 담은 나의 소책자도 이 내용을 다루고 있다. 해방은 율법 아래 있는 상태에서 벗어나는 것 또는 그리스도 안에서 이루어진 구속에 의해서 (그리스도의 자리로) 열납됨으로써, 우리의 상태가 육신 안에 있는 상태에서 그리스도 안에 있는 상태로 옮겨지는 것, 그리고 성령의 인침에 의해서 그리스도께서 우리를 자유롭게 하려고 주신 영적 자유를 경험적으로 체험하는 것이다. 사실 내가 경험한 이러한 복은 특별한 성령의 사역이며, 이제부터 이 영적 해방이란 주제를 다루고자 한다.

이 주제는 자세히 다룰 필요가 있지만, 혹 누군가 신자는 로마서 7장에서 말하고 있는 상태에 머무는 것이 정상이며, 전 생애 동안 그 상태에 머물러야 한다고 말한다면, 나는 그러한 주장에 대해서 적극적으로 반대할 것이다. 로마서 7장의 상태는 결코 그리스도인의 정상적인 상태가 아니다. 로마서 7장에 있는 사람은 거듭난 사람이긴 하지만 율법 아래 있으며, 첫째 남편 아래에 매여 있는 사람이다. 해방의 실제를 누리는 삶은 로마서 8장에 있다. 더 정확히 말하자면, 로마서 8장은 해방이 이루어진 사람의 상태이다. 내가 웨슬리안 신학체계를 반대하는 이유는, 바로 성경이 말하고 있는 그리스도인의 상태를 잘못 제시하고 있기 때문이다.

사람에 대해서 완전이란 말을 사용할 때, 이것은 영적으로 장성한 상태를 의미할 뿐, 그 이상도 그 이하도 아니다. 이 완전이란 단어, 즉 텔레이오스는 히브리서 5장 14절에서 "단단한 음식은 장성한 자의 것이니"에서 사용되었는데, 이 말은 "나이가 꽉 차다"는 의미를 가지고 있으며, 히브리서 6장 2절에선 완전이란 단어로 번역되었다. 문제는, 과연 신약성경에서 말하는 완전이란 단어가 무슨 의미를 가지고 있는가에 있다.

우리의 모든 복은 첫째 사람(아담)이 아니라, 둘째 사람(그리스도)과 연결되어 있다. "무릇 흙에 속한 자들은 저 흙에 속한 자와 같고 무릇 하늘에 속한 자들은 저 하늘에 속한 이와 같으니 우리가 흙에 속한 자의 형상을 입은 것 같이 또한 하늘에 속한 이의 형상을 입으리라."(고전 15:48,49) 우리는 "그 아들의 형상을 본받게 하기 위하여 예정되었으며, 이는 그로 많은 형제 중에서 맏아들이 되게 하려는" 것이다(롬 8:29). 이 구절이 우리의 현재적 상태와 소망에 직접적으로 작용하는 효과는 요한일서 3장에 잘 나타나 있다. "사랑하는 자들아 우리가 지금은 하나님의 자녀라 장래에 어떻게 될지는 아직 나타나지 아니하였으나 그가 나타나시면 우리가 그와 같을 줄을 아는 것은 그의 참 모습 그대로 볼 것이기 때문이니 주를 향하여 이 소망을 가진 자마다 그의 깨끗하심과 같이 **자기를 깨끗하게 하느니라**."(요일 3:2,3) 따라서 이러한 의미를 떠나 지상에서 완전(完全)을 꿈꾸는 것은 기독교의 전체적인 사상과 흐름에 맞지 않는다. 게다가 그러한 추구는 대개 기독교의 기준을 낮추는 것으로 작용할 뿐이다. 성경이 말하는 완전은 결코 "판단의 실수"[1]를 하지 않을 수 있는 수준에 올라가는 것이 아니라, "주님의 깨끗하심과 같이 자신을 깨끗하게" 하는 것임을 잊지 말라.

---

1) "판단의 실수는 실행상 실수로 이어질 수밖에 없으며, 아무리 거룩한 사람도 실수하지 않을 수는 없다. 따라서 *도덕적 순수* 측면에서 우리 자신을 깨끗하게 하는 것을 그리스도인의 특권이자 의무이면서, 사람의 본래 상태로 회복하는 것이라고 결론을 내릴 수 있다. 그럼에도 *현재적인 상태*를 생각해볼 때, 그리스도인은 여전히 연약과 약함에 굴복하며, 실수를 한다." 피어살 스미스의 책, "더 나은 삶"에서 인용

49

무죄상태로 돌아가는 것 또는 무죄상태의 첫째 아담으로 돌아간다는 사상은, 매우 그럴듯 해 보이지만 역설적으로 기독교의 전체 개념을 파괴한다. 기독교는 총체적으로 둘째 사람과 연결되어 있다. 무죄상태는 선악을 아는 지식이 들어온 이후, 사라졌으며 다시 회복될 수 없다. 거룩은 그리스도처럼 새 사람이 가진 특징이다. 그래서 그리스도는 우리가 추구해야 할 대상이다. 오직 이것만이, 즉 그리스도와 함께 하는 것만이 우리가 바라보아야 할 목표다. 이것이 사도 바울이 말한, "내가 힘써야 할 오직 한 가지 일"인 것이다(빌 3:13). 바로 이것이 우리의 유일한 목표다. 그리스도께서 우리의 천한 몸을 변화시켜주시고 또 그 영광스러운 몸과 같이 변모시켜 주실 때까지 우리는 결코 완전에 도달할 수 없다. 사도 바울은 자신이 달려가야 하는 경주를 생각하면서 다른 목표는 거부했다. 다만 "오직 한 가지 일"만 힘썼다. 그리고 그것을 자신의 소명으로 여겼다. 우선 그는 그리스도를 얻고자 했다. 생명과 신분을 얻고자 그리했던 것이 아니었다. 바울은 이미 생명과 신분을 얻은 사람이었다. 다만 그리스도 자신을 얻고자 했다. 그 다음으로 그는 죽은 자 가운데서 부활에 이르고자 했다. 그는 자신을 "그리스도 예수 안에서 하나님이 위에서 부르신 부름"의 소망을 향해 달리는 사람으로 소개한다(빌 3:14). 따라서 사도 바울은 자신의 천한 몸이 변화되는 그 일이 일어나지 않는 한, 목표를 바꾸지 않을 것이다. 이처럼 바울이 바라보았던 바로 그 목표, 그 유일한 대상, 그리고 그 최종적인 목표를 가슴에 품게 되면, 이 땅에서는 도달할 수 없는 최종적인 목적지만을 바라보고 달려갈 수밖에 없게 된다. 그렇다면 우리는 늘상 일어날 수밖에 없는 실수를 교정하는데 힘쓰는 것이 아니라, 주님이 깨끗하신 것처럼 우리 자신을 깨끗하게 하는데 힘쓰게 될 것이다.

완전한 또는 장성한 그리스도인은 믿음으로 하나님의 목적을 자신의 것으로 삼는 자리에 들어간 사람이다. 그러한 그리스도인은 예수께서 그리스도이시며 또한 자신의 모든 죄들이 그리스도로 말미암아 사함을 받았음을 아는 정도가 아니라, 자신이 하나님 앞에서 지금 그리스도 안에 있으며, 그리스도와 함께 죽었고 또 함께 살아났음을 아는 사람이다. 죄 사함은 옛 사람의 행위와 옛 사람이 지은 죄들에 적용된다. 반면 완전은 새로운 자리, 즉 우리가 **둘째 사람이신 그리스도의 자리**에 들어간 것과 연결되어 있으며, 또한 그리스도께서 우리를 붙잡으신 것을 우리도 실제적으로 붙잡고자 달려가는 것과 연결되어 있다. 이것이 빌립보서 3장의 가르침이다. 그리스도께서 우리 생명이시다. 그리스도는 우리를 붙잡으셨고, 우리도 그것을 푯대로 삼아 달려간다. 우리 앞에 다른 목표는 없다.

50
로마서 1장부터 5장 11절까지는, 우리가 지은 죄들(sins) 때문에 죄 사함과 우리가 처한 유죄상태, 즉 하나님의 심판 아래 있는 상태 때문에 칭의를 다룬다. 그리고 5장 12절부터 8장 끝까지는, 그리스도 안에 들어간 우리의 새로운 자리(신분, 지위, 위치)를 다룬다.

비록 로마서가 우리가 그리스도와 함께 부활했다는 것을 언급하고 있지는 않지만, 그리스도를 우리의 생명으로, 우리가 그리스도 안에 있고 또한 그리스도는 우리 안에 계신다는 주제를 다룬다. 이 마지막 부분이 바로 영적 해방의 진리다. 로마서 6장은 해방의 근거를, 로마서 8장은 해방의 실제, 곧 해방이 이루어진 상태를 설명한다. 거듭남을 통해서 새롭게 된 영혼이 해방을 경험하지 못한 채 율법의 짐을 지게 되면, 로마서 7장 상태로 떨어지게 된다. 장성한 그리스도인은 해방의 진리를 통해서 자신의 자리를 그리스도 안에 있는 사람으로 인식하는 사람이며, 새로운 피조물로서 자신의 삶의 자리를 하늘에 둔 사람(his conversation (all his living associations) in heaven)이며, 푯대를 향하여 달려가는 사람이며, 자신의 천한 몸이 변화되기만을 기다릴 뿐, 이 세상의 그 무엇도 자신의 목표로 삼지 않은 사람이다.

완전성화 이론이 거짓되다는 것을 확증해주는 또 다른 요소가 있다. 그 이론 속에는 새 생명을 받는 것에 대해선 조금의 언급도 없다. 이 새 생명은 무죄상태의 아담이 가지고 있지도 않았고, 그럴 수도 없었다. "육으로 난 것은 육이요 성령으로 난 것은 영"(요 3:6)이기 때문이다. 웨슬리주의는 이에 대해서 전혀 언급하지 않는다. 사람은 성령의 역사를 통해서만 변화된다. 성경이 말하는 것을 보라. "아들이 있는 자에게는 생명이 있고 하나님의 아들이 없는 자에게는 생명이 없느니라."(요일 5:12) "그런즉 이제는 내가 사는 것이 아니요 오직 내 안에 그리스도께서 사시는 것이라."(갈 2:20) "우리 생명이신 그리스도."(골 3:4) 이 모든 구절들이 새 생명을 가리키지만, 웨슬리안 신학체계 속에는 이러한 내용을 전혀 다루고 있지 않다. 새로운 생명을 토대로 삼지 않은 기독교 시스템은 기독교의 전체 모습과 체계를 변형시키는 것으로 작용한다. 나는 로마서 7장 상태에 있는 사람을 정상적인 그리스도인으로 부르고 싶지 않다. 그는 분명 하나님께로부터 난 사람이지만, 율법 아래 있다. 마치 자기 아버지를 만나기 직전의 탕자의 모습과 같다.

이제 기독교계에서 일반적으로 사용하는 용어에 대해서 살펴보자. 대부분 잘못 사용되고 있다. 특히 영적 각성(conviction)과 회개를 믿음 앞에 둔다. 말씀이 양심을 건드리지도 않았는데, 어찌 각성을 하며, 어찌 회개할 수 있는가? 타락한 양심 상태에선 각성이 일어날 수 없을 뿐만 아니라, 하나님의 심판 아래 있기에 심판의 위험 가운데 있다. 그러한 상태에 있는 사람은 그에 맞는 특별하고도 깊은 교훈을 필요로 한다. 앞서 언급했지만 로마서의 전반부, 즉 로마서 1장부터 5장 11절까지는 온 세상이 자신이 지은 죄들(sins) 때문에 하나님의 심판 아래 있음을 교훈하고 있다. 그리고 후반부는 아담의 불순종 때문에 사람이 잃어버린바 된 상태에 빠진 것을 교훈하고 있다. 그 결과 이 잃어버린 상태에서 벗어나는 길은 내 속에 선한 것이 없으며, 육신은 하나님의 뜻에 굴복할 수 없다는 것을 처절하게 경험을 통해서 배움으로써만 가능하다.

회개에는 마음의 변화가 동반되지만, 회개에 이르는 무슨 단계가 있는 것은 아니다[2]. 그러한 것은 향후 점진적으로 나타날 수도 있지만, 자기 자신이 옳지 않으며, 천박한 사람이라는 것을 깨달을 때 나타나는 징후일 뿐이다. 회개는 하나님의 선하심을 본 결과 우리 자신에 대해서 내리는 자기 판단과 비판의 결과로써, 우리가 앞으로 행하지 못하게 되는 일에 대한 것이 아니라 우리가 이미 행한 일에 대한 반성이다. 피어살 스미스가 믿음을 언급하는 것을 보면[3], 상당히 혼란스럽다. 그에 대해 딱 집어서 말하기는 힘들다. 사실 믿음은 그리스도 예수 안에 나타난 하나님의 자비를 그저 받아들이는 정도가 아니다. "그의 증언을 받는 자는 하나님이 참되시다는 것을 인쳤느니라."(요 3:33) 즉 믿음은 성령의 능력을 통해서 하나님의 말씀이 영혼 속에 자리를 잡는 것이다. 하나님의 말씀을 듣는 사람 속에는 말씀과 믿음이 서로 화답하고 호응하는 것이 있다. 하나님께서 말씀을 통해서 우리에게 제시하시는 것을 믿을 때, (그리스도께서 지상에 계실 때, 하나님의 계시와 하나님의 마음을 영혼에게 친히 계시하셨을 때처럼) 그때 우리는 하나님의 증거를 받아들이게

---

2) "회개(repentance)는 생각(mind)의 변화이며, 구원을 확실히 하려면 꼭 필요한 단계들을 거칠 필요가 있다." 피어살 스미스의 책, "더 나은 삶"에서 인용

3) 피어살 스미스 : "믿음은 하나님의 자비와 그리스도 예수 안에 있는 은혜를 받아들이는 것이다. 믿음의 은혜 또는 믿을 수 있는 능력은 하나님의 선물이다. 믿음의 행위 또는 실제로 믿는 일은 그러한 능력이 발휘된 결과이다. 하나님께서 우리에게 자신의 진리를 제시하실 때, … 하나님은 우리에게 주신 믿음을 사용한 일에 대해 우리에게 책임을 물으신다." 같은 책에서 인용

된다. "너희가 우리에게 들은 바 하나님의 말씀을 받을 때에 사람의 말로 받지 아니하고 하나님의 말씀으로 받음이니 진실로 그러하도다 이 말씀이 또한 너희 믿는 자 가운데에서 역사하느니라."(살전 2:13) 베드로가 유대인들을 향해 설교할 때, 베드로는 그들이 그리스도에게 한 일과 하나님이 그리스도에게 하신 일을 말했고, 그 때 그들은 이 말을 듣고 마음에 찔림을 받았으며, 그 결과 그들은 하나님의 증거를 믿었다. 그러자 베드로는 죄 사함과 성령을 선물로 받게 될 것을 선언했다(행 2:37-40).

51

믿음을 행사해야 하는 대상은 믿음 그 자체에 있는 것도 아니고, 그저 무언가를 받아들이는데 있는 것도 아니고, 오로지 하나님의 증거를 믿는데 있으며, 그것도 오묘한 방식으로 말씀을 통해서 이루어진다는데 있다. 나머지 다른 것들은 말씀의 지지를 받지 못한다. "믿음의 은혜 혹은 믿을 수 있는 능력"이라니! 믿어야 할 내용이 말씀을 통해서 주어진 것이 아무것도 없는데, 도대체 무엇을 믿는다는 것인가? 믿음의 행위는 이후에 오는 것이 아닌가? 그는 자신의 주장마저도 부인한다. 왜냐하면 우리는 하나님이 우리에게 주신 것에 대해 믿음을 가져야 할 책임이 있으며, 이러한 책임은 믿지 않는 사람에게 부여된다. 사람은, 요한복음 5장에 보면, 하나님에게서 온 적절한 증거에 대한 책임이 있다. 나도 이 점은 인정한다. 하지만 그가 진술하고 있는 믿음에 대한 것은 전적으로 혼돈스럽다.

다음은, 회개의 바른 위치에 대해 생각해보자. 칭의는 회개와 직접적으로 연결되어 있지 않다. "하나님께 대한 회개와 우리 주 예수 그리스도께 대한 믿음(행 20:21)을 통해서, 죄인은 칭의를 경험한다."[4] 이렇게 시작되는 저자의 말은 대체로 옳다. 충분히 받아들일 수 있다. 하지만 죄인이 지은 죄들은 모호한 상태로 남게 된다. 그 다음 것은, 모든 것이 혼동스럽고 오류로 가득하다.[5] 영혼의 혁신이 일어나기 이전, 죄인이 처해 있는 총체적인 영적 상태는 무엇일까? 성경은 이렇게 말한다. "육신의 생각은 하나님과 원수가 되나니 이는 하나님의 법에 굴복하지 아니할 뿐 아니라 할 수도 없음이라."(롬 8:7) 우리가 육신을 가지고 있는 한, 육신의 정욕은 성령을 거스르는 일을 한다. 만일 사람이 셋째 하늘에 가본 적이 있다면, 육신의 자랑을 억누르기 위해서 가시, 곧 사탄의 사자가 필요할 수밖에 없다. 그가 말한 대로, 회심만으로 전체 영적 상태가 혁신되고 혁명이 일어나는 것이라면, 어째서 새롭게 되고 영적 혁신이 이루어진 사람에게도 육신을 칠 사탄의 사자가 필요한 것일까?

---

4) "하나님께 대한 회개와 우리 주 예수 그리스도께 대한 믿음(행 20:21)을 통해서, 죄인은 칭의를 경험한다. 대속(代贖)을 통해서, … 자신이 지은 죄들에 대한 심판에서 벗어난다. 그들의 형벌은 면제되고, 그들이 지은 빚은 탕감된다." 피어살 스미스의 책, "더 나은 삶"에서 인용

5) "그는 회심(conversion)을 경험한다. 이것은 마음(heart)의 변화를 의미한다. 전체 영적 본성의 혁신과 혁명이 일어나는 것이다." 같은 책에서 인용

52

내가 묻고 싶은 것은, 회개는 단지 생각의 변화이고, 회심은 마음의 변화로서 서로 별개의 것인가 하는 점이다. 과연 이 모든 것, 즉 회개와 회심은, 그가 중생이라고 부르고 있는 (설명하지는 않았지만) 그 일 앞서 일어나는 것인가? 과연 그는 성령으로 난 것은 영이라고 했을 때 그 영적인 무언가를 이전에 소유해본 일이 없는 새 생명, 즉 옛 사람과 대조적인 새 사람을 의미하는 것일까? 과연 거듭남 없이 혁신이 있을 수 있는가? 과연 거듭나는 것은 이전에 소유해본 일이 없는 새롭고도 영적인 생명을 의미하는 것일까, 아니면 단순한 변화를 의미하는 것일까? 과연 (하늘로서 내려오신) 그리스도께서 주시는 영생은, 단순한 변화인가 아니면 진짜 새로운 것을 주시는 것일까? 모든 것이 여기에 귀결된다. 내가 받은 영생은 아버지와 함께 하는 사귐의 삶이다. 과연 이것이 그저 단순한 변화에 불과한 것인가?

양자됨에 대한 그의 설명[6]은 정확하지도 않고, 그리 주목할 것이 못된다. 우리는 양자될 것 곧 몸의 구속을 기다리고 있지만, 그럼에도 지금 우리는 예수 그리스도의 믿음에 의해서 아들들이며, 그러므로 양자의 영을 받았다. 이 모든 것은, 우리가 믿음으로 여기 이

---

6) "그는 양자됨(adoption)을 경험한다. 하나님은 그를 그리스도 때문에 가족으로 받아주시며, 그는 아들이 된다." 피어살 스미스의 책, "더 나은 삶"에서 인용

땅에서 의의 소망을 기다리고 있기는 하지만, 그럼에도 우리의 유일한 자리는 영광 중에 계신 그리스도와 연합을 이루고 있는 자리임을 보지 못하기 때문에 생긴다.

그가 쓴 책의 초반부에서 속죄(atonement)를 경험을 위한 근거로서 언급하고 있긴 해도, 그리스도의 피 그리고 하나님 앞에서 그 피가 가진 효력에 대한 언급은 전혀 없었다. 죄인은 이쪽 저쪽을 경험한다. 하지만 여기엔 그리스도 안에 있는 우리의 신분이나 그리스도를 통해서 이루어진 하나님의 의(義)에 대한 언급이 조금도 없다. 심지어 죄인이 자신이 지은 죄들 때문에 유죄상태에 있을 때 나타난 하나님의 사랑에 대한 언급도 없다.

모든 신자는 성화되어야 한다. 성화는 믿음을 통해서 의롭게 된 신자가 모든 신령한 복에 들어갈 수 있는 관문이다. 나는 이것을 인정할 뿐만 아니라, 거듭날 때 우리는 거룩한 본성을 선물로 받기 때문에, (우리 생명이신 그리스도 때문이 아니라) 우리 속에 주어진 거룩한 본성 때문에 성화의 삶을 살아야 한다. 거룩한 본성은 죄를 미워하는 본성이다. 하나님의 말씀을 보면, 끊임없이 영적 성장과 성숙을 강조하는 것을 볼 수 있다. 하지만 그의 책에선 이러한 것에 대한 언급이 전혀 없었다. 어디서 거룩이 "영구적인 성화"를 가져다준다고 말하는가? 삶의 질로서 거룩은 마음이 정결한 상태를 의미하지만, 거룩은 신의 성품과 조화를 이룰 때에만 가능하다. 게다가 하나님은 자신의 거룩하심에 참여케 하기 위하여 우리를 징계하는 일을 하신다(히 12:10).

53

"죄로부터의 자유(freedom from sin)" 란 표현은 영어에서 모호한 용어이지만, 이 모호한 용어를 그의 책은 그대로 사용하고 있다. 여기서 자유란 단어는 '포로 상태에 있는 사람이 자유를 얻다', '재갈을 물린 말이 풀려나다' 는 의미를 가지고 있지만, 그는 어느 것도 이런 의미로 사용하고 있지 않다. 후자의 경우를, 죄에서 자유를 얻는 것으로 사용할 수는 없다. 자유롭게 된다는 것은 **죄 자체로부터 벗어나는 것이 아니라, 죄와 사망의 법에서 자유롭게 되는 것**이며, 이것이 참으로 이루어지는 것을 영적 해방이라고 부른다. 누군가 성경이 "죽은 자가 죄에서 벗어나 의롭다 하심을 얻었음이라"(롬 6:7)고 말하지 않나요? 라고 물을 수 있을 것이다. 말씀을 잘 보면, 이 구절은 실제로는 "죄에서 의롭다 하심을 얻는 것(justified from sin)"을 말하고 있다.

성경 말씀을 살펴보자. 누가 죄로부터 자유롭게 되는 것인가? 오로지 죽은 사람만 가능하다. 옛 사람의 죽음만이 나를 자유롭게 한다. 그렇다면 우리가 실제로 죽을 때까지, 우리 속에 더 이상 죄가 없어질 때까지 기다려야 하는 것인가? 만일 그대가 옛 사람의 본성의 죽음, 즉 "육신 속에 있는 죄"의 죽음이 있어야 한다고 말한다면, 나도 그렇다고 말할 것이다. 하지만 죽은 사람이 되려면, 우리는 실제로 죽어야만 한다. 이렇게 말하는 것은 상당히 추상적일 뿐, 성경에서 말하는 교리가 아니다. 우리는 그리스도와 함께 십자가에 못 박힌 자로서, 우리 자신을 죄에 대하여는 죽은 자요 하나님께 대하여는 살아 있는 자로 여겨야 할 뿐만 아니라, 이제 더 이상 내가 사는 것이 아니라 내 속에 그리스도께서 사시는 삶을 살아야 한다. 이 일 앞서, 우리는 우리 지체 중에 역사하는 죄의 법에 포로된 상태에 있었다. 이러한 상태에 있는 것은, 정상적인 그리스도인의 상태가 아니다. 이제 믿음으로 우리 자신을 죄에 대하여는 죽은 자로, 하나님께 대하여는 살아 있는 자로 여길 때, 우리는 아담 안에 있지 않고 그리스도 예수 우리 주 안에 있는 자가 된다. 그럴 때, "그리스도 예수 안에 있는 생명의 성령의 법이 죄와 사망의 법에서 나를 해방시키는" 일이 일어난다(롬 8:2). 이것은 죄 자체로부터 자유롭게 되는 것이 아니다. 육신 속에 있는 죄가 없어지는 것이 아니라, 죄의 법에서 자유롭게 되는 것이다. "만일 우리가 죄(sin)가 없다고 말하면 스스로 속이고 또 진리가 우리 속에 있지 아니할 것이요." (요일 1:8) 죄가 없어지는 것이 아니라, 죄의 법이 더 이상 우리에게 작용하지 않게 되는 것이다. 로마서 8장 2절은 로마서 7장 23절에 대한 응답으로써, 죄의 법에서 해방되는 것을 가리킨다. 해방을 실제적으로 경험하는 방법은 로마서 8장 4절에 있다.

나는 그가 죄에 대해 내리고 있는 정의[7]도 전적으로 잘못되었다고 본다. 만일 죄가 그런 것이라면, 바울은 로마서 7장에서 아무것도 아닌 것에 대하여 야단법석을 떤 셈이 된다. 죄는 결코 자발적인 것이 아니었다. 왜냐하면 요점은, 죄는 그가 원하지 않을 뿐만 아니라 심지어 자신이 미워하는 것을 행하게끔 생생하게 작용하고 있었기 때문이다. 로마서 7장 상태에 있는 사람은 해방 받지 않았기 때문에, 원함은 있었지만 선을 행하는 것은 없었다. 그는 포로 상태에 있었다. 이뿐 아니라, 성경은 "죄가 율법 있기 전에도 세상에 있었으며"(롬 5:13) 또한 율법으로 말미암아 "죄로 심히 죄 되게"(롬 7:13) 했다고 말한다. 율법 없이 범죄한 사람은 율법 없이 망한다. 그가 내린 정의에 기초한 신학은, 성경과는 관계없는 인본주의에 기초한 신학일 뿐이다.

54

새 사람이 되는 것을 실제로 가능한 일로 보지 않는 그는 그것을 단순히 변화된 마음의 상태로 만들었다. 반면 성경은 육신 속에 있는 죄에 대해 분명히 언급하면서, 육신의 생각은 하나님의 법에 굴복할 수 없다고 말한다. 게다가 육신의 정욕이 있고, 죄는 우리 속에서 정욕을 일으키며, 이러한 육신의 소욕은 성령을 거스르는 것으로 작용한다. 죽음에 의해서만 끝나는 것이 있는데, 그것은 진짜

---

7) "성경에서 사용하고 있는 죄라는 용어는, 죄를 범한다는 의미에서나, 즉 생각, 말, 또는 행동으로 실제적인 범죄행위를 저지른다는 의미에서나, 아니면 모든 죄악된 행동으로 우리를 이끌어가는 마음의 타락상태, 즉 우리 속에 거하는 죄성의 의미를 가지고 있다. … 한편으로 죄는 *하나님의 법을 자발적으로 깨뜨린다*는 의미가 있으며, 다른 한편으로 자기도 모르는 사이에 죄를 저지를 수밖에 없는 *마음의 비자발적인 상태*를 의미하기도 한다. … 이제 거룩에 대한 정의는 죄의 이 두 가지 측면에 모두 적용되는 것이어야만 한다. 그렇다면 거룩은 죄의 유죄상태에서 자유롭게 된 것을 의미한다." 피어살 스미스의 책, "더 나은 삶"에서 인용

제 1장 그리스도와 성화 27

실제적인 죽음을 통해서만 가능하다. 예를 들자면, 죄가 가지고 있는 권세가 있다. 우리 자신을 죽은 자로 여기고, 우리 몸에 항상 주 예수의 죽음을 짊어질 때에만 죄의 권세로부터 자유를 누릴 수 있다. 이렇게 죽음은 우리 안에서 역사하게 되는데, 이로써 예수의 생명이 우리 몸에 나타나게 된다. 만일 경계할 것이 아무것도 없게 되었다면, 어째서 사망이 우리 안에서 역사하는 것인가? 우리는 죄의 법 아래 있지 않다. 우리는 능력 가운데 새 생명을 가지고 있지만, 육신 속에 죄(sin)도 가지고 있다. 그럼에도 육신 속에 있는 죄는 십자가에서 (사함을 받은 것이 아니라) 정죄를 받았고, 우리도 믿음을 인하여 십자가에서 그리스도와 함께 죽었다. 이것이 실제적으로 우리 삶에 나타나려면, 죽는 것(the dying)을 항상 짊어져야 한다. 그럴 때 사망이 우리 안에서 역사하게 된다(고후 4:10-12).

게다가 그리스도의 은혜는 우리에게 충분하다. 그리스도의 능력은 약함 가운데서 온전해진다. 하나님은 우리가 행실을 바로 할 수 있도록 필요한 은혜를 공급하는 일에 신실하실 뿐만 아니라, 우리의 능력을 넘어서서 우리를 시험하는 일을 하지 않으신다. 은혜의 충분성이 유지되는 한 우리는 하나님 안에서 성장하는 기쁨 가운데서 행할 수 있으며, 그렇기에 실패했을 때 우리는 변명할 수 없다. 게다가 거룩은 유죄상태에서 자유롭게 되는 일(칭의)과는 아무 관계가 없다. 거룩은 그리스도의 보혈을 통해서 해결되는 것이 아니기 때문이다. 거룩에 참여하려면, 사람은 먼저 거듭나야 하지만, 그럼에도 거룩이 죄책을 없애주는 것이 아니다. (죄책을 없애주는 것은 칭의이다.) 우리가 해방을 경험적으로 알게 되면, 해방은 우리를 죄의 지배로부터 벗어나게 해주긴 하지만, 그렇다고 해서 육신의 존재 자체로부터 벗어나게 해주는 것은 아니다. 완전성화를 주장하면서 자신이 거룩에 이르렀다고 주장하는 사람들을 보면, 그들은 대개 거룩의 표준을 낮추는 성향이 있다.

나는 지속적으로 하나님과의 사귐을 누리는 가운데서 행하는 삶을 부정하고 싶지 않다. 하지만 로마서 7장을 그리스도인의 정상적인 상태로 믿지는 않는다. 죄(sin)가 더 이상 우리 육신 속에 없다고 말하는 것은 성령의 말씀을 대적하는 것이며, 전적으로 성경에 반하는 사상이다. 죄의 지배로부터 해방시키는 것은 성령의 인침과 기름부음이지만, 그렇다고 해서 그것이 육신의 본질을 변경시키지는 않는다. 나는 아담이 거룩의 상태로 창조되었다는 것을 인정하지 않는다. 성경은 결코 그렇게 말한 적이 없다. 아담은 무죄상태로 창조되었고, 악에 대한 지식은 없었다. 그래서 죄를 지을 가능성은 늘 있었다.

55
성경은 "네 눈이 성하면 온 몸이 밝을 것이요"(마 6:22) 또한 어두운 부분이 없으리라고 말한다. 그 책은 "우리는 거짓된 생각에 빠지기 쉽다. 왜냐하면 불완전한 몸과 육체 때문이다"[8]라고 말한다. 정말 육체적 결함 때문에 영적인 시력이 좋지 않은 것인가? 이 모든 사상은 거룩의 표준을 낮출 뿐이다. 그들은 우리가 많은 일에서 죄를 지을 수 있고, 또 그리스도께서 말씀하신 바, (육체적 결함 때문이 아니라) 눈이 성하지 않기 때문에 생기는 일들을 저지를 수 있다는 사실을 부정하며, 타락하기 이전 인간이 가졌던, 본래 도덕적으로 순수한 상태로 돌아갈 수 있다고 주장한다. 그래서 그들의 신앙 속엔, 영광 가운데 계신 그리스도를 닮고자 성장하는 것, 그리스도께서 계신 그대로의 모습처럼 우리 자신을 깨끗하게 하는 것, 그리고 사도 바울처럼 오로지 한 가지 일, 즉 그리스도 예수께 잡힌 바 된 그것을 잡으려고 달려가는 것 등이 없다.

"그리스도는 나누어진 마음을 다스리지 않으실 것이다" 라는 말은 옳지 않다. 그리스도께서 하신 말씀은 그렇지 않고, 오히려 그 반대이다. 그리스도는 그런 곳을 전혀 다스리고 있지 않다[9]. "하나님의 뜻은 이것이니 너희의 거룩함이라"(살전 4:3)는 구절을 잘못 인용하고 있다. 그에 대한 결과가 생략되었기에, 그 의미를 완전히 변질시키고 있다. 베드로는 "너희도 모든 행실에 거룩한 자가 되라"(벧전 1:15)고 말했다.

---

8) "타락하기 이전 아담의 완전과 그리스도인이 도달해야 하는 목표로서 완전에는 의심의 여지없이, 분명한 차이점이 있다. 이러한 차이점들은 우리 인류가 짊어지고 있는 질병과 불완전한 육체 때문에 발생하는 것도 있긴 하지만, 사실 육체적 불완전성은 아담에겐 해당되지 않는다. 결과적으로, 그러한 불완전한 몸 때문에 우리의 생각은 잘못된 생각과 오류로 가득한 판단으로 기울어질 수밖에 없다." 피어살 스미스의 책, "더 나은 삶"에서 인용

9) 새 예루살렘이 아직 이 땅에 내려오지 않았기 때문이다.

그는 모든 죄(all sin)를 정결케 하는 그리스도의 피의 효력을 언급하면서 본문을 잘못 인용하고 있다. 요한일서 1장에서 사도 요한은 죄들을 사하여 주시는 것과 의를 행하는 주제를 다루면서, "만일 우리가 죄가 없다(no sin)고 말하면 스스로 속이고 또 진리가 우리 속에 있지 아니할 것이요"(요일 1:8)라고 말했다. 이 구절은 빛 가운데 계신 하나님 앞에 있는 우리의 신분의 문제를 다룬다. 따라서 우리는 결코 우리 속에 죄(sin)가 없다고 말할 수 없다. 그럼에도 나는 성화되었고 또 깨끗하게 되었다. 내가 들어간 자리에 합당한 사람이 되기 위해서 은혜로 행해야 하는 것은 맞지만, 나름대로 죄에 대한 정의를 내리고 또 아담처럼 순수해진 것처럼 가장함으로써 하나님의 거룩성을 낮추거나, 또는 내가 거룩한 삶에서 실패할 때 육체적인 결함 때문이라고 둘러대는 것은 옳지 않다. 과연 아담에게 정욕이 있었겠는가?

사랑 안에서 하나님과의 평화로운 사귐 가운데서 우리를 지켜주시는 성령의 능력을 온전히 인정하지만, 육신의 존재를 핑계되면서 거룩의 표준을 낮추어서는 안된다. 저자가 구약성경만을 인용하고 있다는 사실도 그냥 지나쳐서는 안된다. 구약성경을 볼 때, 우리는 지성소에 들어가는 길이 아직 나타나지 않았다는 사실과 정결하게 되는 문제가 신약시대와는 전혀 달랐다는 점을 명심해야 한다. 이사야 1장 24,25절을 보면, 악한 사람과 죄악을 제거하는 일은 심판을 통해서 된다. 에스겔 36장 25절을 보면, 이것은 이스라엘 민족이 회복되었을 때, 모든 더러운 것에서와 우상 숭배에서 정결케 되고 또 하나님의 길로 행하게 되는 것을 가리키는 것이지, 한 영혼이 절대적인 하나님의 방법을 통해서 내적으로 정결하게 되는 것을 가리키는 말씀이 아니다. 주님이 이러한 것을 니고데모에게 암시적으로 말씀하신 것은 완전한 상태에 이르라는 것이 아니라, 영혼이 거듭나야 한다는 것을 의도하신 것이었다.

56

만일 성령님이 피를 통해서 정결하게 하는 일과는 구분되는, 성화시키는 주체이시라면, 어째서 그는 성화를 피를 통해서 정결하게 되는 것으로 말하고 있는 것인가? 그는 "죄책을 느끼는 것은 성화에 들어가는 과도기(convicted for sanctification)"란 말을 사용했는데, 나는 그런 것을 전혀 성경에서 찾을 수 없다. 나는 그들이 말하는 상태, 즉 최고의 그리스도인은 로마서 7장에 머물 수밖에 없다고 말하는 그런 상태를 인정할 수 없다. (그들은 로마서 8장의 영적 해방에 대한 무지를 드러내고 있을 뿐이다.) 그리스도인은 자기 삶의 표준으로서 영화롭게 되신 그리스도를 바라보며, 그럴 때 그와 같은 형상으로 변화하여 영광에서 영광에 이르게 되는데, 곧 주의 영으로 말미암아 된다. 그렇다면 그들의 변명은 죄를 짓는 삶을 합리화하는 것으로 볼 수밖에 없다.

그들이 가진 시스템은 자연적으로 은혜에서 벗어나게 만든다. 그들은 개인적으로 도달해야 한다는 개념에 빠져 있고, 성화를 이루는 행위는 우리의 몫이다. 하나님께 대하여 살아있는 사람으로서, 우리 자신을 하나님께 내어드려야 한다는 것은 성경적이긴 하지만, 거룩함에 이르는 열매를 맺은 결과, 그 마지막은 거룩의 상태가 아니라, 영생이다. 반면 해방이 이루어진 영혼은 무한한 하나님의 사랑을 느끼면서 하나님과의 화평을 누린다. 하지만 이것은 우리 자신의 노력의 결과가 아니라, 그리스도께서 값으로 사신 결과이다. 그들은 허물과 죄로 죽어 있는 상태에서조차도, 우리가 할 수 있는 모든 일을 해야 한다고 말한다. 하지만 성경은 영적으로 죽어 있던 우리가 살리심을 받을 때 그리스도 예수 안에서 새로이 창조되었다고 말한다. 그들은 우리가 죽어 있기 때문에, 우리 자신을 구원하려면 항복해야 하며, 하나님의 의에 순복해야 한다고 말한다. 하지만 성경은 그런 식으로 말하지 않는다. 게다가 그들은 "현저하게 살리심을 받았다"는 표현을 했다. 과연 현저하게 살아난 사람은 하나님에게서 난 사람인가 아닌가? 그 사람은 생명, 곧 영생을 가지고 있는가 아닌가? 그들은 "그들 속에 어느 정도는 생명이 있다"고 말한다. 바울이 편지를 보낸 사람들은, 곧 옛 사람이 그리스도와 함께 못 박혔고, 그리스도 안에서 살리심을 받은 사람들이다. 그들은 자기 속에 죄가 없다는 꿈을 꾸도록 부르심을 받지 않았다. 그들 속에 죄가 있을지라도, 의지가 동의하지 않는 한 정욕은 강제로 죄를 짓도록 작용하지 않는다. 죄가 죽을 몸을 지배하지 못하도록, 몸의 사욕에 순종하지 않도록 해야 한다. 이는 죄가 그들을 주관하지 못할 것이기 때문이다. 왜냐하면 그들은 법 아래 있지 아니하고 은혜 아래 있기 때문이다. 게다가 그들은 하나님께 대하여 살았고, 죄의 법으로부터 자유롭게 되었으며, 그처럼 복된 특권을 받은 자로서 그들은 자신을 의의 병기로 하나님께 내어 드려야 했다. 이것은 참으로 사랑스러운 구절이지만, 정확하게 말하자면, 그 책이 말하는 것과는 정반대의 이야기이다. 자유롭게 된 사람만이 자신을 자원함으로 하나님께 드리는 복을 누릴 수 있다. 자유를 갈망하는 사람, 약간의 생명이 있기에 무언가를 할 수 있는 사람, 죄로부터 자유를 얻고자 애쓰기만 하는 사람은 그러한 복을 누릴 수 없다. 회개, 믿음, 기도는 나름 죄 용서를 받는데 필요한 것이긴 하지만, 그럼에도 죄인을 의롭게 만드는 것은 그 사람의 믿음도 아니고, 회개도 아니고, 기도도 아니라, 오로지 그리스도이시다. 저자는 이것을 모두 잘못된 자리에 두고 있다.

57

아담의 순수한 상태는 다시 회복될 수 없다. 아담의 상태로의 회복은 우리의 목표가 아니다. 우리의 목표는 오히려 마지막 아담의 상태이지, 최초의 아담의 상태가 아니다. "내가 너희를 영접하여 너희에게 아버지가 되고 너희는 내게 자녀가 되리라 전능하신 주의 말씀이니라 하셨느니라."(고후 6:17,18) 과연 이 구절이 완전한 거룩과 연관이 있는 것인가? 사도 바울은 믿지 않는 자와 멍에를 함께 메지 말라는 교훈의 말을 하면서, 이 말씀에 충성스러운 그리스도인들을 아들의 위치로 받아들이고 있다. 바울은 우리 자신을 하나님께 성별해서 드리는 문제, 즉 하나님께 받아들여지는 존재가 되는 문제를 거론하고 있는 것이다. 그렇다면 그 저자는 이 구절의 의미도 모르고, 또 그리스도인이 영적인 자유 가운데서 섬기는 것에 대해서도 모르고 있는 것이 분명하다. 우리는 그리스도의 사람들이다. 그 저자는 "너희는 내가 일러 준 말로 이미 깨끗하여졌으니"(요 15:3)라는 말씀을 성령에 의한 세례로 말한다. 사실 그리스도는 제자들에게, 오순절 이전에는 그들이 아직 성령을 받지 않았음에도, 이미 말씀으로 깨끗하게 되었다고 말씀하셨던 것이다(요 13:10, 15:3). 그리고 성령을 받는 일은 장차 이루어질 것이라고 말씀하셨다. 성경을 이처럼 계속해서 오용하는 일을 보는 것은 참으로 슬픈 일이 아닐 수 없다.

그리고 나서 그는 성령 세례에 의해서 영혼은 죄의 지배로부터 벗어난다고 말했다. 나도 이것을 인정하지만, 죄의 지배로부터 자유롭게 되고 또 아담과 같은 순결한 상태가 되어 죄로부터 자유롭게 되는 것은 별개의 사안이다. 승리는 대적하는 존재가 없다면, 별 의미가 없다. 그리스도인의 삶은 매순간 믿음으로 사는 삶이다. 만일 성경이 맞다면, 그리스도의 피를 통해서 자신이 지은 죄들로부터 깨끗함을 받는 것은 단번에 영원히 이루어지는 일이다. 그리스도는 자신을 드려 죄를 정결하게 하는 일을 마치기 전에는 높은 곳에 계신 지극히 크신 이의 우편에 앉으실 수 없었다. 만일 그리스도께서 죄를 정결하게 하는 일을 마치지 않았다면, 히브리서 9장에서 말하고 있듯이, 자주 고난을 받으셔야만 한다(26절). 죄 때문에 양심에 가책을 느끼는 문제는 이제 "그가 거룩하게 된 자들을 한 번의 제사로 영원히 온전하게 하셨기"(히 10:14) 때문에 "섬기는 자들이 단번에 정결하게 되어 [더 이상 양심에] 다시 죄를 깨닫는 일이 없게 되었고,"(히 10:2) 따라서 "예수의 피를 힘입어 지성소에 들어갈 담력을 얻었기"(히 10:19) 때문에, 단번에 영원히 해소되었다. 이제 신자는 자신의 옛 사람이 그리스도와 함께 십자가에 못 박혔다는 것을 알고, 또 모든 일에 머리되신 그리스도에게까지 자라가기를 추구하며, 그리스도께서 행하신 것처럼 행함으로써 "그와 같은 형상으로 변화하여 영광에서 영광에 이르는" 사람이며, "곧 주의 영으로"(고후 3:18) 말미암아 하는 사람이다. 만일 우리가 겸손한 마음과 부지런한 마음으로 그리스도와 함께 동행하는 삶을 살면서 항상 주 예수의 죽음을 몸에 짊어진다면, 또한 예수의 생명이 우리 몸에 나타나게 될 것이며, 악한 자가 결코 우리를 만지지도 못할 것이다.

58

그 저자가 믿고 있는 해방에 대해서 살펴보자. 그는 해방을 경험한 일은 없지만 자기 속에 있는 악과 육신의 활동을 변명하지는 않는다. 하지만 그는 그리스도와의 연합을 통해서 죄의 활동을 막고 또 자신을 깨끗하게 하는 일을 하기 보다는, 성경이 자기에게 그리스도와 같이 순결하도록 명령하고 있다는 이유 때문에, 그리고 자신이 그리스도같이 변화되고 있다고 생각하기 때문에, 처음 아담의 순결한 상태로 돌아가고자 애쓰거나 또는 죄가 없는 상태에 도달하고자 애를 쓰고 있다.

다른 책은 훨씬 성숙한 사상과 보다 진보된 사상을 표현하고 있다. 하지만 더 많은 빛을 비추면 비출수록, 쓴 뿌리는 더욱 밝히 드러나는 법이다. 그들이 완전이라고 부르는 것이, 사실은 그리스도인의 정상적인 상태를 가리키며, 그것은 로마서 6장과 8장의 영적 해방을 통해서 되는 것이란 사실에 나는 동의한다. 그렇다고 해서 해방을 완전(完全)으로 부르는 것은 잘못이다. 해방은 완전과는 아무 상관이 없다. 사람들은 완전성화를 내세움으로써 오히려 죄의 기준을 낮추는 악행을 저지른다. 그들은 빌립보서 3장 15절을 가지고, 온전히 이룬 사람과 완전한 사람을 구분하는 근거로 삼는다. 성경은 결코 완전한 사람에 대해 말하지 않는다[10].

바울은 오로지 한 가지 일에 전념했고 온전히 이루길 추구했지만, 그는 자신이 이미 얻었다거나 온전히 이루었다고 여기지 않고, 오직 그 일에만 몰두할 뿐이었다. 바울은 분명 완전에 대해 언급했지만, 빌립보서 3장에서 말하는 완전(또는 온전)은 더 이상 죄를 짓지 않는 수준의 완전과 같은 것이 아니었다. 바울은 자신이 온전히 이루었다거나 또는 이미 잡은 줄로 여기지 않았고, 오직 자신이 그리스도 예수께 잡힌바 된 그것을 잡으려고 좇아갈 뿐이었다. 그 저자는 그리스도를 얻는 것에 대해선 전혀 언급하고 있지 않다. 하지만 바울이 이 땅에서 추구했던 것은 그리스도를 얻는 것이었다. "내가 그를 위하여 모든 것을 잃어버리고 배설물로 여김은 그리스

---

10) "빌립보서 3장 구절을 보면, 사도 바울은 자신과 및 다른 몇 사람을 가리켜 완전한 사람으로 지칭한다. 그렇지만 12절을 보면 바울은 자신이 아직 완전에 이르지 못했음을 인정한다." 피어살 스미스의 책, "더 나은 삶"에서 인용

도를 얻고자 함이라."(빌 3:8) 저자의 진술은 전체 성경 본문을 오도(誤導)하고 있다. "이제 그의 열망은"[11]으로 시작되는 문장은 잘못된 것이다. 오히려 바울은 "어찌하든지 죽은 자 가운데서 부활에 이르고자"(빌 3:11) 했다. 분명 바울은 이 땅에서 그리스도를 더 밝히 알고 싶어 했으며, 그것이 바울이 바라는 한 가지 열망이었다. 그리스도는 시작부터 그에게 모든 것이었고(7,8절), 바울은 그 길을 달렸으며, 끝까지 달려갔다. 그의 시민권은 이미 하늘에 있었기에, 그는 항상 그리스도를 얻고자 했으며, 영광 중에 계신 그리스도를 본받고자 했다.

완전에 대한 그의 개념은 성경 본문과는 관계가 없을 뿐만 아니라 성경이 절대적으로 허용하지 않는 것이다. 결국 그가 말하는 "완전"이란 말은 영적 유아상태를 가리키며, 이는 곧 건강한 성장의 토대일 뿐이다.[12] 하지만 정상적인 그리스도인의 상태에 들어가는 관문은 영적 해방이다. 비록 타락 이전 아담과 같이 도덕적 순결 상태에 있을지라도, 게다가 아무리 율법을 지키고자 노력하고 있을지라도, 우리는 '한 순간도 하나님 앞에 서있을 수 없는' 그런 상태에 있을 뿐이다. 과연 아담의 상태가 이러했을까? 그렇지 않다면,

---

11) "이제 그의 한 가지 열망은 그리스도를 보다 온전히 아는 것이었다. 그럴 때 그는 주와 같이 온전한 부활에 이르게 될 것이기 때문이다." 피어살 스미스의 책, "더 나은 삶"에서 인용

12) "완전 성화는 건강한 영적 유아상태를 가리킨다. 이 상태에 있을 때에만 그리스도인의 성숙으로 나아간다." 같은 책에서 인용

어째서 아닌가? 이제 우리는 끔찍스러운 교리, 즉 유혹 자체는 죄가 아니라는 교리를 가지게 되었다. 밖에서 오는 유혹은 죄가 아니다. 그리스도는 거룩한 존재로서 모든 것을 다 겪으셨다. 하지만 이것이 핵심은 아니다. 야고보서 1장 2절 "내 형제들아 너희가 여러 가지 시험을 만나거든 온전히 기쁘게 여기라"와 14절 "오직 각 사람이 시험을 받는 것은 자기 욕심에 끌려 미혹됨이니"를 보라. 이 구절들은 권면의 말이다. 그는 우리 마음이 정결하지 않은 상태에 빠지는 것을 내다보면서 말하고 있다. 과연 아담이 이처럼 정결하지 않은 상태에 대한 권면을 필요로 했는가? 그것들은 '우리 의지가 그러한 것들을 향해 저항하는 마음이 일어날 때', '우리가 그러한 것들 때문에 힘들어 할 때'에만 필요로 하는 천한 권면일 뿐이다. 과연 그리스도에게 이러한 천한 권면들 가운데 하나라도 필요했을까? 과연 사탄이 이러한 것들을 그리스도의 마음에 밀어 넣는 일에 성공했을까? 저자는 요점을 피하고 있다. 그래서 '과연 정욕이 죄인가?'라고 묻는다. 그것을 입증하고자 그는 야고보서를 인용한다. 야고보는 (죄의) 다양한 열매들을 말하고 있고, 바울은 우리에게 죄가 각양 정욕을 이루는 원천이라고 말한다. 즉 바울은 뿌리로서 악한 본성을 추적하고, 야고보는 악한 본성이 맺는 열매들을 다룬다. 이 점을 간과하고 있는 것이 이 시스템이 가진 최대의 약점이다.

59

만일 우리가 겸손하고 신실하다면, 우리는 믿음에 의해서 그리스도께서 우리 마음에 거하시는 것을 믿을 수 있다. 그리스도께서 우리 속에 거하신다면, 이러한 약하고 천한 권면, 이러한 순결하지 못한 생각들은 생겨나지도 않을 것이다. 우리 마음을 살피는 일은 하지 않고, 이처럼 거짓된 완전의 개념을 수용하게 되면, 허황된 완전성화 이론에 빠지게 된다. 나는 전에 자신을 완전에 이르렀다고 자천하는 사람을 만난 적이 있다. 그녀는 신실하고, 좋은 사람임에는 틀림이 없지만, 그럼에도 마귀가 한 주먹의 진흙을 먹으라고 하면 기꺼이 먹을 수 있는 사람이었다. 그녀는 가질 수 없는 것을 가지고 있다고 자랑하고 있었다. 이처럼 악한 권면보다 더한 것이 있다. 그것은 자신도 모르게 죄악된 본성, 즉 정욕대로 행하는 것이다. 정욕은 바로 그 죄악된 본성을 충족시키는 일을 한다. 사탄에게서 불화살의 공격이 있고, 불경스러운 죄에 빠지게 하는 유혹이 있지만, 그럼에도 영적 해방을 경험하고 또 그리스도께서 우리 안에 거하신다면, 그러한 것들은 다가올 수 없다. 그러한 것들은 악하고 죄악된 본성에서 나온다. 따라서 우리 속에 거하고 있는 죄성을 밝히 보고자 하는, 자기 판단 또는 자기 성찰이 필요하다. 사탄은 그리스도의 생명에 대해선 어쩔 수가 없다. 만일 우리가 예수의 죽으신 것을 우리 육체에 적용하는 일을 하지 않는다면, 사탄은 원하는 바를 이룰 것이다. 그러한 위험에 대해서 저자는 몇 차례 설명을 시도하고 있었다. 저자는 여러 차례 그것을 언급했다.

내가 반대 입장을 표명하는 것은 그에 대한 것이 아니라, 그것을 근본적인 기독교의 진리와 잘못 연결시키고 있다는 점이다. 그는 로마서 7장과 8장을 전적으로 잘못 다루고 있었다. 즉 그는 우리 육체 속에 죄성이 있음과 전적으로 새 생명, 즉 "아들이 있는 자에게는 생명이 있기에"(요일 5:12) 그리스도를 우리의 생명으로 삼는 것을 부인하고 있었다. 게다가 정욕이 죄인 것과 결과적으로 우리 자신을 속이는 것으로 작용하는 것을 부정했고, 이로써 그리스도인의 거룩이라는 표준을 낮추는 일을 했으며, 진실한 영혼으로 하여금 악이 무엇인지를 아는 일을 방해했으며, 그리스도인으로서 달려가야 하는 경주와 목표를 상실하게 만들었다. 그 저자는 그렇게 하는 것이 거룩과 자기 헌신의 삶을 사는 길이라고 강조했지만, 나는 그를 동정하지 않을 수 없다. 정상적인 그리스도인의 삶을 언급했을 때 그는 첫발을 잘 내딛었지만, 자신의 교리 체계를 잘못된 이론 위에 세움으로써 성경과는 완전히 다른 길을 가게 되었다. 그가 완전에 이른 사람과 완전에 이르는 과정 중에 있는 사람을 구분한 일은, 첫 단추부터 잘못 채우는 어설픈 시도였다. 나는 그의 진지한 열망과 옛 교리를 조화시키려는 그의 의도만큼은 높이 평가하고 싶다.

Praying with Paul

제 2장
그리스도와 함께 다시 살리심을 받다
Risen with Christ

골로새서 3장을 읽으시오.

골로새서 3장에 있는 전체 권면의 말씀은 바로 신자가 전적으로 새로운 자리에 들어갔다는 사실에 기초하고 있다. 다른 여러 성경을 보면, 이 사실의 다른 측면을 말하고 있음을 볼 수 있다. 즉 우리가 전적으로 새로운 자리에 들어온 존재라는 것을, 에베소서는 하늘에 앉아 있는 존재로, 로마서는 해방을 받아 그리스도 안에 있는 자로, 그럼에도 여전히 이 땅을 걷는 존재로, 그리고 골로새서는 부활을 넘어서고 있진 않지만, 그리스도와 함께 살아난 존재로 말하고 있다. 모든 경우에 그리스도는 우리의 생명이시다. 로마서는 항상 그리스도인을 이 땅에서 행하는 존재로 본다. 골로새서를 보면, 우리는 그리스도 안에 있는 자로서 행하도록 부르심을 받았다. 에베소서를 보면, 우리는 "사랑을 받은 자녀같이 하나님을 본받는 자가 되라"는 부르심을 받고 있다. 즉 우리는 이 땅에서 행하는 행실이 하늘에서 나오는 존재라는 것이다. 고린도후서를 보면, "누구든지 그리스도 안에 있으면 새로운 피조물"(고후 5:17)이다. 즉 전적으로 새로이 창조를 받은 존재가 된 것이다. 어쨌든 그리스도와 연합을 이룬 사람은 주 예수 그리스도의 죽음, 부활, 승천에 연합된 새로운 존재인 것이다.

만일 내가 주 예수 그리스도의 부활을 바라본다면, 이는 부활 자체의 의미만 있는 것이 아니라, 나 자신도 그리스도와 함께 부활했음을 의미한다. 내가 그리스도와 함께 부활했다는 것이 골로새서의 중심 메시지이긴 하지만, 우리는 기독교의 토대로서 육신 안에 있는 사람을 못박아 버린 십자가를 우선적으로 바라보아야 한다. 하나님은 아직 심판을 집행하지 않으셨지만, 그럼에도 세상을 죄에 대하여, 의에 대하여, 심판에 대하여 책망하신다. 하나님은 세상을 잃어버린 것으로 취급하신 것이다. 그리스도의 죽음은 하나님께서 선하심 가운데서 세상에 친히 오셨지만, 즉 "하나님께서 그리스도 안에 계시사 세상을 자기와 화목하게"(고후 5:19) 하고자 하셨지만, 거절당하신 것을 말해준다. 이 사실을 깊이 묵상해볼 때, 우리는 이것이 아담이 죄인이기 때문에 하나님이 그를 여기 이 땅에 있는 낙원에서 추방했다는 것이 아니라, 하나님께서 은혜 가운데 이 세상에 오셨지만 오히려 사람이 하나님을 추방했다는 것을 의미한다는 것을 볼 수 있다. 히브리서를 보면, "이제 … 세상 끝에 나타나셨느니라"(히 9:26)고 말한다. 여기서 말하는 세상의 끝이란 도덕적인 차원에서 세상의 끝을 말한다. 따라서 하나님은 이제 이 가련한 세상을 은혜로 대하신다. 그것도 인간의 완전한 죄악성을 해소시키는 은혜의 충만함으로 대하신다. 사람의 죄가 완성되고 온전히 나타난 곳에, 은혜의 역사도 완성되고 온전히 나타났다. 최고의 죄가 있는 곳에, 최고의 사랑이 역사했다. 이러한 것이 구원을 가져다준 주 예수 그리스도의 사역이 가지고 있는 충만한 복이다. 주 예수 그리스도의 사역은 십자가에 전혀 새로운 특징을 부여했다. 왜냐하면 모든 것이, 즉 사람이 무엇인지, 마귀가 무엇인지, 그리고 하나님은 무엇인지가 십자가에서 여실히 드러났기 때문이다. 당신 속에도 선하심 가운데 오신 하나님을 거절했던 사람의 완전한 죄악성이 있다. 게다가 당신은 한편으론 그리스도를 전적으로 대적했던 사탄을 추종하는 마음과 사랑 안에서 자신을 온전히 내어주신 그리스도를 붙들고 싶은 마음을 동시에 가지고 있다. 우리가 십자가를 묵상하고자 그 앞에 나아오게 되면, 거기서 우리는 이 모든 것을 발견한다. 인간의 완전한 죄와 그리스도 안에서 사람의 완전한 순종, 하나님의 완전한 사랑과 그리스도께서 죄가 되셨을 때 죄를 대적했던 하나님의 공의(righteousness) 등을 볼 수 있다. 하나님의 영광이 십자가에서 나타났으며, 모든 것이 그 사실에 의존되어 있다. 당신이 옛 세상을 향해 등을 돌릴 때, 새로운 창조가 시작되며, 아담의 무죄상태를 아담의 범죄만큼이나 아무 의미 없게 만들어버리는 새로운 상태로 들어가게 된다. 사람은 모두 함께 십자가 속에 묻혔고, 거기서 심판을 받았다. (이는 단순히 심판이 죄인들에게 집행되었다는 의미가 아니다.) 그 뿐만 아니라 완성된 십자가 사역 덕분에 사람은 "하나님의 영광 안에 있는 새로운 자리"를 얻게 되었다. 이것이야말로 모든 것의 기초다. 사탄은 십자가 이전에는 이 세상의 임금 또는 제왕으로 불리지 않았다. 하지만 십자가 사건을 통해서 사탄은 온 세상 사람의 마음을 사로잡아 그리스도를 대적하는 일을 할 만한 권세를 가진 제왕으로 등극했다. 따라서 육신적인 마음은 하나님과 원수다. "의로우신 아버지여 세상이 아버지를 알지 못하나이다."(요 17:25) 그리스도는 아버지의 공의에 호소하면서 세상을 언급하셨다.

사실 사람들은 그리스도께서 세상에 계실 때 영접하길 원치 않았다. 그렇게 거절당하셨지만 영광 중에 계신 그리스도와 연합하는 것이 무엇인지 우리는 배울 필요가 있다. 물론 나는 지금 당장 영광 가운데 있는 것들을 다 볼 수는 없다. 우리는 다만 믿음으로 행할 뿐이다. 우리의 눈은 그리스도께 고정된 상태로, 그리고 주 예수 그리스도의 사역을 통해서 우리를 위해 예비된 것들을 아는 믿음을 가지고 밖에서 주어지는 능력을 덧입고서 세상을 통과하며 나가야 한다. 여기엔 과연 내가 심판을 행하시는 하나님을 만날 것인가의 문제는 없다. 나는 내가 심판받을 수 없음을 알며, 그런 생각을 모두 버린다. 나는 가련한 죄인으로서 그리스도의 십자가 앞에 나아가, 그리스도 안에 계신 하나님을 만난다.

책임 있는 죄인으로서 죄에 대한 책임을 지는 것이 아니라, 오히려 나는 죄문제가 모두 끝난 것을 본다. 왜냐하면 하나님께서 은혜 가운데 개입하셨고, 그 아들을 보내심으로써 나를 구원하셨기 때문이다. 하나님은 그 아들을 보내셨다. 왜냐하면 나는 죄인이었기 때문이다. 이제 그리스도는 나의 생명이 되셨다. 내가 하나님과 함께 있게 된 것은 그리스도께서 하신 일 덕분이다. 사람들은 자신의 행위를 따라서 심판을 받게 될 것이다. 그리스도는 내가 행한 모든 일의 열매를 가져가셨고, 나는 그리스도께서 하신 일의 열매를 얻었다. 이제 우리는 또 다른 진리를 소유하게 되었는데, 곧 그리스도를 우리의 생명으로 받은 것이다. "너희가 죽었고 너희 생명이 그리스도와 함께 하나님 안에 감추어졌음이라." (골 3:3) 다시 말해서, 우리는 그리스도께서 들어가신 자리에서 그리스도와 완전한 연합을 이루고 있다. 그는 우리의 생명이시며, 우리 생명은 그리스도와 함께 하나님 안에 감추어있다. 왜냐하면 그리스도는 우리 생명이시며 또한 하나님은 우리를 그리스도와 동일시하시기 때문이다. 우리 모두는 그리스도께서 죽으셨고 또 하늘로 올라가셨을 때, 이 땅과의 연결을 끊으신 것으로 알고 있다. 사람들은 그리스도께서 세상을 심판하고자 오실 때까지 그분을 다시 보지 못할 것이다. 이제 다시 살아나신 이가 나의 생명이 되었다. 따라서 나는 나도 살아났다고 말할 수 있다. 이는 그리스도께서 나의 생명이 되셨기 때문이다. 그리스도는 신자들과 완전하게 자신과 연합을 이루고 있다. 이는 범죄한 사람으로서 그들이 지은 모든 죄가 영원히 제거되었기 때문이다. 그리스도인이 되는 것은, 우리 자신을 질그릇에 불과하지만 그럼에도 "내 아버지 곧 너희 아버지, 내 하나님 곧 너희 하나님" (요

20:17)이 되는 순간과 더불어 시작된다. 내가 첫째 아담이 아니라, 둘째 아담이신 그리스도를 나의 생명으로 얻게 되는 순간, 나는 아들이 된다.

이제 당신은 사도 바울이 이것을 얼마나 실제적인 방식으로 풀어 설명하고 있는지를 보게 될 것이다. 우리 영혼 속에 평안을 확립해 주는 것은 그리스도의 피에 대한 우리의 평가가 아니다. 핵심은 하나님이 그것을 정당하게 평가하신다는 사실에 있다. 문제는 범죄한 사람이 그것을 어떻게 받아들이는가이다. 아, 그렇다! 그 문제는 해결되었다. 이는 그리스도께서 하나님의 보좌 우편에 계시기 때문이다. 하나님은 사랑 안에서 그것을 주셨고, 공의 안에서 그것을 받으셨다. 나는 그리스도와 함께 십자가에 못 박혔다. 그렇다면 당신은 죽은 것인가? 그렇다. 하나님께 감사하자. 나는 죽었다. 만일 당신이 죽었다면, 당신의 생명은 무엇인가? 오, 나는 전적으로 새로운 생명을 가지게 되었고, 그것은 바로 그리스도다. 나는 거듭난 사람일 뿐만 아니라 그리스도와 연합을 이룬 사람이다.

사도 바울은 이 부분을 "너희도 전에 그 가운데 살 때에는 그 가운데서 행하였으나"(골 3:7)라고 설명했다. 사람들은 이런 저런 계명들을 종교로 만든다. 우리가 그리스도와 함께 죽었다는 것은 종교적인 차원에서 인정하고 수용함으로써 되는 것이 아니다. 우리는 아직 하늘에 올라가지 않았지만, 하늘에 속해 있다. 이제 나는 둘째 아담을 바라보며, 그리스도께서 감추어 계시기에 나의 생명도 감추어 있다고 말하며, 그리스도께서 나타나실 때에 나도 나타날 것이라고 말할 수 있다. 당신은 이 두 가지를 나눌 수 없다. 그리스도를 나의 생명으로 소유하는 것은 악에 대항할 수 있는 능력을 가지는 것이다. 바울은 우리가 어떻게 죄에 대하여 죽을 수 있는가에 대해서 말하지 않고, 다만 우리가 죄에 대하여 죽었다고 말한다. 그리스도께서 죽으셨기에, 나는 나 자신을 죽은 자로 여길 수 있는 자격과 의무를 가지게 되었다. 내가 그리스도를 소유할 때, 나는 권능도 소유한다. 나에겐 권능이 없었다. "우리가 아직 연약한 때에 기약대로 그리스도께서 경건하지 않은 자를 위하여 죽으셨다." (롬 5:6) 하지만 이제 나는 그리스도를 소유함으로써 능력도 소유하고 있다. 내가 무엇이 되고 싶을지라도 나는 그런 사람이 되는데 성공할 수 없었지만, 그리스도께서 오셨고 그런 상태로부터 나를 건져주셨다. 나는 나의 연약성을 인정할 수밖에 없지만, 나는 강력으로서 그리스도를 소유하고 있다. 그리스도 안에 있는 새로운 생명 속에, 권능이 있다. "내 은혜가 네게 족하도다 이는 내 능력이 약한 데서 온전하여짐이라." (고후 12:9) "율법이 육신으로 말미암아 연약하여 할 수 없는 그것을 하나님은 하시나니." (롬 8:3) 율법은 나에게서 의(義)를 요구했지만 내 안에 있는 그 무엇으로도 의를 산출해낼 수 없었다. 율법은 아담의 자손으로서 사람을 위한 완벽한 규율이었지만, 사람은 타락한 아담의 자손이었기에 율법은 사람을 정죄할 수밖에 없었다. 왜냐하면 사람은 죄인이었기 때문이다. 율법이 생명을 주었는가? 결코 그렇지 않다! 그렇다면 우리는 계속해서 율법을 통해서 의를 얻고자 해야 하는 것인가? 과연 율법은 나에게 힘, 의,

또는 사랑을 주었는가? 율법은 나에게 온 마음을 다해 하나님을 사랑하라고 말해줄 뿐이다. 어째서 그런가? 왜냐하면 그렇게 하지 않으면 당신이 저주를 받을 것이기 때문이다. 그리스도께서 오셨고, 그 정반대되는 일을 하셨다. 죄들을 안겨준 것이 아니라, 오히려 그리스도께서 그 모든 죄들을 대신지고 가셨고, 이제 나의 생명, 나의 힘, 그리고 나의 영혼이 의지하며 살아갈 복된 대상이 되어 주셨다. 율법은 이 가운데 어느 것도 할 수 없었다. (그리스도께서 나의 생명이 되셨다는) 믿음에 의해서, 나는 나의 육신을 향하여 "너는 나에게 아무 말도 할 것이 없다. 너는 십자가에서 정죄받았다"고 말할 수 있게 되었다. 정죄는 어디에서 이루어졌는가? 그리스도의 죽음 속에서 이루어졌다. 오, 그렇다면 육신은 이미 끝났다. 육신은 여전히 살아 행동하고자 애쓸 것이다. 그래서 바울은 골로새서 3장 5절에서 이러한 육신적인 죄들을 총체적으로 열거한다. "음란과 부정과 사욕과 악한 정욕과 탐심이니 탐심은 우상 숭배니라." 하지만 당신은 죽고자 애쓸 필요가 없다. 당신은 이미 죽었다. 그래서 사도 바울은 "그러므로 … 죽이라"고 말한다. 이제 당신은 권능과 생명을 가지고 있기에, 육신이 살아 행동하지 못하도록 하라. 이제 나는 그리스도 안에서 살기 때문이다. 그러므로 나는 그리스도와 정반대적인 특징을 가지고 있는, 이러한 것들을 행해서는 안된다.

이제 8절과 9절을 보면, 당신은 전혀 다른 것을 볼 수 있는데 거기에 정욕이 없다는 점이다. 여기엔 죄의 세 가지 특징이 나타나 있다. 하나는 정욕(5절), 또 다른 하나는 폭력(8절), 그리고 나머지는 거짓말(9절)이다. 우리는 여기서 육신의 부패한 모습을 볼 수 있다. "그러므로 죽여야 한다." 그리고 나서 정욕이 문제가 아니라 "분냄과 노여움과 악의와 비방과 너희 입의 부끄러운 말"이 문제가 된다. 우리의 육신은 굴복되지 않았고 또한 포기되지 않았지만, "이제는 너희가 이 모든 것을 벗어" 버려야 한다. 정욕뿐만 아니라 굴복되지 않은 의지까지 버려야 한다. 길들여지지 않은 의지(unsubdued will)는 그리스도인에겐 합당치 않다. 그리고 세 번째 것은 "너희는 이미 옛 사람과 그 행위를 벗어버린 것을 보고, 서로 거짓말을 하지 말라"는 것이다. 나는 성경이 육신에 대해서 말하고 있는 바, "만일 그리스도께서 너희 안에 계시면 몸은 죄로 말미암아 죽은 것"이라고 말할 자격과 권리가 있다. 믿음에 의해서 나는 육신을 살아 움직이지 않는 것처럼 대한다. 다만 "항상 예수의 죽음을 몸에 짊어질" 뿐이다(고후 4:10). 즉 죽음의 능력, 사망 선고를 나 자신에게 적용시키고, 나 자신을 신뢰하지 않고 오직 죽은 자를 다시 살리시는 하나님만 의지한다. 나는 주 예수의 죽으신 것을 짊어지고 다니며, 육신이 다시 살아 활개치는 것을 허용하지 않는다.

이 일의 복된 결과에 주목하라. 이제 나는 새 사람을 입었고, 옛 사람을 벗어버렸다. 만일 내가 그리스도인이라면, (믿음은 이것을 진리로 받아들인다) 하나님은 나를 이 세상에서 아담의 자녀로 보지 않으신다. 그렇다면 당신은 누구인가? 하나님의 자녀다. 율법은 첫째 사람에게 완전한 척도였다. 이제 "자기를 창조하신 이의 형상을 따라 지식에까지 새롭게 하심을 입은"(골 3:10) 새 사람이 된 우리에게 무엇이 척도일까? 나는 이제 하나님을 알고 있다. 에베소서를 보면 새 사람은 "하나님을 따라 의와 진리의 거룩함으로 지으심을 받은"(엡 4:24) 사람이다. 의와 진리의 거룩함으로 지으심을 받았다는 것은 하나님과 같은 새로운 본성을 가지게 되었다는 의미다. 다시 말해서 그리스도께서 나의 생명이 되었다는 뜻이다. 이는 그리스도 속에 있던 것과 동일한 생명인 것이다. (우리는 지금 그 생명을 전달받았다.) 이 "지식"의 척도는 무엇인가? 그것은 하나님 안에 있는 것이며, 바로 영적인 참 지식이다. 나는 이 지식을 따라 행하도록 부르심을 받았다. 우리는 사랑을 받은 자녀처럼 하나님을 본받는 자가 되어야 한다. 나는 그리스도 안에서, 즉 새 사람 안에 있는 하나님의 본성과 성품을 아는 지식을 받았다. 바로 그것이 내가 걸어가야 하는 믿음의 삶이다. 하나님은 자신을 대적하는 원수들을 사랑하지 않으셨는가? 당신도 가서 당신의 원수들을 사랑하라. 하나님은 거룩하지 않으셨는가? 당신도 가서 거룩을 살아내라. 하나님은 감사치 않는 자들과 악한 자들에게 선을 베풀지 않으셨는가? 당신도 가서 그와 같이 하라. 물론 그리스도를 닮는 데에는 성장과 성숙의 과정이 필수적이다. 하나님의 영께서는 그리스도의 것들을 가지고 일하시며, 그것들을 나에게 보이신다. 우리는 바로 이 방식을 따라서 행해야 한다. 이는 죄를 짓지 않으려고 피함으로써 되는 것이 아니라, 새 사람을 입음으로써 된다. 이렇게 하나님께서 그리스도 안에서 자신을 계시하신 것을 이해하는 일은 완전히 새로운 계시에 속한다. 나는 그리스도의 마음과 영을 가지고 있고, 새 사람을 입고 있으며, 그리스도를 나의 생명으로 소유하고 있다.

게다가 그리스도를 내가 좇아 행해야 하는 완전한 본보기로 삼고 있다. 내가 그리스도 안에서 얻은 것은 독특하고 유일한 것으로서, 악이 창궐하는 가운데서도 완전한 선을 행하는 것이다. 당신도 가서 그리스도처럼 행하라.

11절. "그리스도는 만유시요 만유 안에 계시니라"를 보자. 그리스도께서 모든 것이다. 그리스도가 나의 전부이며 또한 나의 유일한 목표다. 그리스도가 모든 것이 될 때, 우리 삶에 능력과 힘이 온다. "오직 내 안에 그리스도께서 사실 때" 그리스도가 모든 것이 되시며, 또한 "이제 내가 육체 가운데 사는 것은 나를 사랑하사 나를 위하여 자기 자신을 버리신 하나님의 아들을 믿는 믿음 안에서 사는" 삶이 시작된다(갈 2:20). 이것이 그리스도가 만유이시라는 의미다. 이럴 때 그리스도는 나에게 모든 것이 되어 주시며, 만일 그리스도께서 진정 모든 것이실 때, 다른 것은 아무 것도 아닌 것이 된다. 우리에겐 성취해야하는 많은 의무가 있지만 문제는, 그리스도를 섬기는 일을 하면서 그 모든 의무를 감당하고자 하는 진정한 동기가 무엇인가에 있다. 만일 당신에게 이 동기문제가 선명하지 않다면, 당신은 그리스도에게서 멀어질 것이다. 요한복음을 통해서 나는 자녀의 신분을 얻는다. 에베소서를 통해서 "그러므로 사랑을 받은 자녀같이 너희는 하나님을 본받는 자가 되라"는 자녀의 교훈을 얻는다. 하나님을 본받아야 하는 이유는, 우리가 사랑을 받는 자녀이기 때문이다. 하나님은 우리를 이러한 친밀한 관계 속으로 넣으셨으며, 이제 이 관계에 합당한 행동을 하도록 교훈하신다. 남의 집 자녀는 그가 아무리 천사처럼 행동할지라도 나의 자녀가 될 수 없다.

12절. "그러므로 너희는 하나님이 택하사 거룩하고 사랑 받는 자처럼 긍휼과 자비와 겸손과 온유와 오래 참음을 옷 입으라"를 보자. 나는 그리스도인으로서 행동해야 하고, 그리스도인이라는 의식을 가지고 처신할 의무에 매여 있다. 나는 '하나님의 택함을 받은 자로서 거룩하고 사랑을 받는 자로' 살도록 성별되었고, 하나님은 나를 거룩하게 성화시키심으로써 나는 이제 하나님의 사랑을 받는 자가 되었으며, 하나님은 나를 기뻐하신다. 과연 어느 정도로 거룩히 구별된 것인가? 과연 나는 얼마큼 거룩해졌으며, 어느 정도로 의로워진 것인가? 나는 그야말로 그리스도께서 하나님과 맺고 있는 관계만큼 얻게 되었다. 그렇다면 의(義)는 므엇인가? 의는 과거 그리스도께서 이 땅을 사셨던 삶에 참여하는 것이다. 그렇다면 구속은 무엇인가? 그것은 당신이 장래 최종적으로 충만한 영광을 얻는 것이다. 하나님은 우리를 이러한 자리에 넣어주셨다. "그러므로 하나님의 택함을 받은 자처럼 … 옷입으라." 이제 당신은 가서 그와 같이 행동하라. 하나님이 우리를 넣어주신 관계 속에서 살며, 또한 "그가 모든 사람을 대신하여 죽으심은 살아 있는 자들로 하여금 다시는 그들 자신을 위하여 살지 않고 오직 그들을 대신하여 죽었다가 다시 살아나신 이를 위하여 살게 하려 함이라"(고후 5:15)는 믿음 속에서 살아가라. 우리가 이 사실을 항상 의식하며 살아가는 것을 보는 일은 얼마나 복된 일이 될 것인가? 그리스도는 죄인들을 위해서 자신을 내어주셨다. "자신을 위하여 살지 않고 오직 그들을 대신하여 죽었다가 다시 살아나신 이를 위하여" 사는 것이야말로 우리에게 주어진 삶의 기준이다. 하지만 하나님이 우리를 이처럼 친밀한 관계 속에 넣어주시는 일이 일어나기 전까지, 하나님은 결코 우리로 하여금 이러한 기준을 따라서 살도록 요구하지 않으신다. 12절은 그야말로 그리스도 안에 있었던 것이고, 그리스도께서 사셨던 삶이다. 당신은 누군가에게로부터 부당한 일을 당하고 상처를 받았는가? 당신은 가서, 인내와 오래 참음으로 그것을 견디라. 그리스도는 사람들을 용서하셨다. 당신도 가서 그들을 용서하라. 당신은 그리스도의 편지다. 사람들이 돌 판에 새겨진 십계명을 읽었듯이, 이제 세상은 우리를 통해서 그리스도를 읽는다. 성경은, 당신은 그리스도의 편지가 되어야 한다고 말하지 않고, 다만 당신이 바로 그리스도의 편지라고 말한다. 거룩한 의무는 당신이 들어간 자리에서 나온다. 이는 단순히 사람들에게 친절을 베푸는 것을 의미하지 않고, 사랑이신 하나님처럼 그들을 사랑하는 것을 의미한다. 사랑은 모든 것을 시험한다. 과연 하나님의 사랑에 합한지 그렇지 않은지를 시험한다. 불쌍하기 그지없는 피조물인 우리는 하나님의 사랑에서 한발 물러나려는 성향이 있지만, 하나님은 우리를 그 사랑의 진정성과 참된 성격으로 둘러 지키시고자, 13절 "누가 누구에게 불만이 있거든 서로 용납하여 피차 용서하되 주께서 너희를 용서하신 것 같이 너희도 그리하라"는 말씀을 실천적인 교훈으로 제시하신다. 하나님의 사랑을 실천하는 것을 거룩의 지표로 삼아야 한다.

15절. "그리스도의 평강이 너희 마음을 주장하게 하라"를 보자. 그리스도의 마음 속에 자리 잡고 있는 평강은 과연 무슨 종류의 평강일까? 양심의 평강 외에도, 마음의 흐트러짐이 없는 평강도 있다. 당신의 마음은 종종 흐트러지는 것을 경험한다. 그렇다면 당연히 당신은 그리스도의 평강을 누리고 있지 않은 것이다. 만일 그리스도께서 우리를 아들들이 되게 해주셨다면, 우리는 반드시 그리스도께서 행하신 평강 안에서 행하여야 한다. 나에게 느낌이 중요하다고 굳이 말한다면, 우리를 위해 준비된 것은 이렇다. 즉 죄사함의 은총 뿐만 아니라, 하나님의 마음과 목적이 우리에게 실제적으로, 생생하게, 의식적으로 주어졌다는 것이다. 그리고 이 일은 그리스도께서 들어가 계신 자리에 우리를 들여보내 주심으로써 이루어졌다. 성령님을 통해서 나는, 내가 그리스도 안에 있다는 것을 안다. 그렇다면 나는 그리스도께서 내 안에 계시는 것도 알게 된다. 그리스도께서 하나님의 임재 안으로 열납된 것과 같이 나 자신 또한 완전하게 열납되었다. 그렇다면 나의 역할이 주어진다. 즉 그리스도를 살아내는 것이다. "예수의 생명이 또한 우리 죽을 육체에 나타나게 하는" 것이다(고후 4:11). 그리스도는 우리에게 자신의 평강을 남기셨다. 사랑하는 친구들이여, 이제 우리는 그리스도께서 이 세상에서 누리셨던 평강 가운데서 행해야 하지 않겠는가? 우리는 우리 자신을 살펴야 하며, 또한 그리스도가 없이는 우리는 아무 것도 할 수 없다는 사실을 절실히 깨달아야 한다. 우리가 만일 이런 일을 살피지 않았다면, 우리는 곧 우리에게 아무 힘도 능력도 없음을 발견하게 될 것이다. 그럼에도 그리스도께서 하신 일은, 우리가 본받아야 하는 일로 의식하게 해주며, 이로써 우리가 그리스도의 자리에 들어온 자인 것을 계속해서 상기시켜준다.

16절. "그리스도의 말씀이 너희 속에 모든 지혜로 풍성히 거하게 하라"(KJV 직역)를 보자. 여기서 나는 계시된 모든 신적인 것들을 즐거워할 수 있는 긍정적인 측면을 본다. 혹 우리는 하나님의 상속자로서 우리에게 속한 모든 것들을 알 수도 없고 누릴 수도 없다고 생각하고 있지는 않은가? 그리스도처럼 살라. 그리하면 당신은 주께서 감당하셔야만 했던 수치와 능욕이 무엇인지 확실히 알게 될 것이다. 만일 세상의 영이 내 안에서 작용하고 있다면, 당연히 나는 그리스도의 수치와 능욕이 무엇인지 선명하게 볼 수 없다. 하지만 하나님의 영이 우리에게 주어졌기에, 우리는 이러한 것들을 알 수 있다. 나는 그리스도의 말씀이 내 마음 속에 거하도록 하며, 성령님은 그리스도의 것들을 가지고 나에게 그것들을 보여주신다. 내가 모든 성도는 영광 가운데 계신 그리스도를 완벽하게 닮게 될 것을 알게 될 때, 나는 '이 어떠한 복된 일인가!'를 외치지 않을 수 없다. 우리는 장차 그리스도의 날에 모든 사람이 누리는 공통의 기쁨을 누릴 것이지만, 그럼에도 받은 사람 외에는 아무도 알 수 없는, 오로지 그리스도의 기쁨과 특별히 연결된 사람도 있다는 것을 알아야 한다.

"피차 가르치며 권면하고 시와 찬송과 신령한 노래를 부르며 감사하는 마음으로 하나님을 찬양하고."(16절) 신령한 노래는 주님을 기뻐하는 마음에서 흘러나오는 영혼의 노래다. 그리스도의 말씀이 내 속에 풍성하게 거할 때 이 모든 보배로운 것들이 흘러나오게 된다. 아버지의 사랑이 내 영혼 속으로 흘러들어올 때, 나의 노래는 주를 향한 찬송으로 승화되어 하늘로 올라간다.

17절. "또 무엇을 하든지 말에나 일에나 다 주 예수의 이름으로 하고 그를 힘입어 하나님 아버지께 감사하라." 이 구절은 매우 단순한 지침이지만, 많은 문제들을 해소시킨다. 만일 당신이 집을 매매하러 간다고 해보자. 당신은 과연 그것을 주 예수의 이름으로 할 것인가? 이것은 우리를 다스리는 마음의 동기의 문제다. 나의 삶은 영웅적인 일들이 아니라, 수백 개의 작은 일들로 이루어져 있다. 이 모든 일을 그리스도의 이름으로 하라. 이것이 매일의 삶이 되어야 한다. 내 인생의 3/4을 그리스도 없이 살았다고 해보자. 그렇다면 나는 만회하려는 노력을 할 필요가 있다. 내 마음의 바닥에서부터 꼭대기까지 그리스도로 채우라. 그리하면 흠잡을 만한 것이 없는 행실을 하게 될 것이며, 아무도 나를 비난할 수 없을 것이다. 오늘 하루를 돌아볼 때, 과연 그리스도를 위한 삶이었는가? 그리스도를 위한 것이 아니라면, 아무 것도 하지 않으려는 마음가짐이 필요하다. 그렇게 할 때 항상 당신 마음을 신선하게 지킬 수 있을 것이다.

이제 한 가지 질문을 하고자 한다. 당신은 날마다 이 세상에서 그리스도의 편지가 되는 삶을 기꺼이 살고자 하는가? 만일 그렇다면, 당신은 당연히 모든 일을 그리스도의 이름으로 해야 한다. 당신이 그리스도 안에서 열납된 사실에만 안주한다면 거기엔 성장이 없다. 왜냐하면 열납은 사랑하는 자 안에서 이루어지는 것이지만, 성장은 그리스도의 길을 자신의 길로 삼은 그리스도인에게서만 이루어지기 때문이다. 내가 그리스도를 더 알게 될 때, 나는 그리스도를 더 닮게 된다. 만일 진지하다면, 나는 그리스도를 가까이서 따르는 것을 기뻐할 것이다. 그리스도께서 마음에 계실 때 모든 일이 쉬워지지만, 세상이 마음 속에 있다면 결코 쉽지 않다. 만일 당신이 멋진 옷을 추구한다면, 그것은 그리스도를 안중에 두고 있지 않다는 뜻이다. 문제는 당신 마음의 눈이 무엇을 향하고 있는가에 있다. 만일 내가 내 마음 속에 그리스도의 평강을 누리며 행하고 있다면, 나는 그리스도의 말씀을 나의 속에 모든 지혜로 풍성히 거하게 할 것이다. 과연 누가 요한복음 20장에 소개된 그리스도인의 최고의 특권을 아는 지식을 소유하고 있는가?

사도들이었는가? 그렇지 않다. 그리스도인 최고의 특권을 아는 지식을 소유한 사람은 막달라 마리아였다. 그녀의 마음은 그리스도께 붙잡혀 있었다. 제자들은 그리스도가 없는 상태에서 모든 일을 할 수 있었다. 그녀는 그렇지 않았다. 그래서 그리스도께서는 자신을 친히 그녀에게 계시하셨고, 제자들에게 가서 "내가 내 아버지 곧 너희 아버지, 내 하나님 곧 너희 하나님께로 올라간다"(17절)는 말을 전하도록 하셨다. 우리가 그리스도를 가까이 따르는 정도는, 그리스도의 말씀이 우리 속에 얼마나 풍성하게 거하게 하느냐에 달렸다. 그리스도의 말씀이 우리 속에 풍성히 거할 때 우리 마음의 애정은 하늘로 올라가며, 그럴 때 성령님은 그리스도의 것들을 가지고 오셔서 우리에게 보여주시는 일을 하신다. 이 때 나의 책임은 모든 일에서 그리스도를 나타내는 것으로 소임을 다하는 것이다.

주께서 우리에게, 우리가 전적으로 새로운 자리에 들어왔음을 매우 분명하면서도 뚜렷하게 보여주셨을 것이다. 만일 하나님의 영이 내 속에 거하고 계신다면, 나의 자리는 아담의 자녀의 자리가 아니다. 나는 그리스도 안에 있고 또 그리스도는 내 안에 계시며, 나의 책임은 사람이 마땅히 행해야 하는 도리를 따라서 행하는 것이 아니라 하나님의 자녀로서 마땅히 행해야 하는 도리를 따라서 행하는 것이다. 우리가 그리스도 안에서 예비된 완전한 은혜가 무엇인지를 제대로 볼 때, 우리는 곧 우리 자신이 그 은혜에서 얼마나 멀리 떨어져 있는지를 보고 깜짝 놀라게 될 것이다. 이제 당신의 마음은 그리스도께로 고정되었으며, 당신은 진정 그리스도를 영화롭게 하는 일을 전적으로 갈망하고 있는가? 만일 그리스도의 생명이 내가 하는 모든 일에 나타나고 있다면, 세상은 곧 그것을 알아차릴 것이다. 하나님은 그리스도와 동일하게 하나님의 호의 속에 행할 수 있다는 영적인 의식을 우리에게 선물로 주셨다. 그렇다면 하나님을 더욱 사랑하고 싶어 하는 열망을 우리 마음의 동기로 삼는 일은 우리가 하는 모든 일을 통해서 하나님을 영화롭게 해드리고자 추구하는 것으로 나타나게 될 것이다. 그리스도와 함께 죽고, 그리스도와 함께 부활하는 것은 전적으로 그리스도와 연합을 이루는 일이며, 이 땅에서 그리스도를 위한 증인이 되는 길로 들어가는 관문인 것이다.

제 3장
하나님의 안식, 성도의 안식
God's Rest, the Saint' Rest

115

장차 우리가 하나님의 눈 앞에 "벌거벗은 것같이 드러나게 될 것"(히 4:13)이란 사실을 생각해볼 때, 한편으론 매우 두려운 일이지만 (육신적인 사람에겐 매우 두렵고 떨리는 일이 아닐 수 없다) 또 한편으론 복된 일이다. 그럼에도 우리는 그 사실을 너무 쉽게 잊거나 또는 잘 보지 않으려는 성향이 있다. 우리 마음의 자연적인 성향은 하나님의 임재로부터 속히 벗어나고 싶어 하거나, 아니면 (불순종하는 자녀처럼, 부모의 눈길을 피해 숨고자 하는 자녀처럼) 싫어하기도 하고 또 몹시 두려워하기도 한다. 항상, 모든 순간, 모든 상황 아래서, 우리는 하나님 앞에서 "벌거벗은 것같이 드러날 수밖에 없다." 이 사실을 망각한 채, 이 엄중한 사실을 회피하고자 항상 주변을 두리번거리는 사람들은 실제적인 불신앙에 떨어지지 않을 수 없다. 안타깝지만, 이 일은 대부분의 성도들에게서 일어나는 현상이다. 만일 성도가 상황 또는 환경을 의지하고 있다면, 그는 하나님 앞에 벌거벗은 것같이 드러날 수밖에 없다는 의식을 잃는다. 그것이 일시적으로 자신에게 유익할 수도 있고, 아니면 양심을 편안하게 할 수도 있지만, 어쨌든 우리는 모두 반드시 하나님 앞에 벌거벗은 것같이 드러나게 될 것이다.

행복을 추구한다면, 어디서 행복을 찾을 수 있는가? 과연 하나님 안에서가 아닌 다른 그 어디에서, 아무도 건들 수 없고 또 그 무엇도 방해할 수 없는 그런 복을 발견할 수 있는가? 하나님은 우리 복의 근원이실 뿐만 아니라, 복 자체이시다. 그런고로 하나님의 자녀들에게 주어진 외적인 복들이 많이 있을 뿐만 아니라, 심지어는 회심하지 않은 사람들조차도 이런 복을 누리기도 한다. 하지만 그리스도인에게만 주어지는 힘, 위로, 기쁨은 따로 있다. 바로 하나님의 눈 앞에 "벌거벗은 것같이 드러나는 일"이다. 왜냐하면 하나님께서 그리스도인이 누리는 복의 근원이자 중심이시기 때문이다.

일단 우리가 하나님을 실제적으로 알게 되면, 우리는 하나님을 사랑으로 알게 된다. 그리고 나서 광야 같은 세상에 살고 있는 우리에게 주어지는 모든 것이 하나님에게서 온다는 사실을 알게 된다. 우리가 어디에 살든, 우리가 처한 환경이 무엇이든 상관이 없다. 이로써 우리는 우리를 둘러싸고 일어나는 모든 일을 하나님의 사랑으로 해석하는 비결을 배운다. 나는 어쩌면 고통과 슬픔, 또는 하나님의 징계의 일환으로 시련을 통과해야 할지도 모른다. 그럼에도 모든 것이 하나님에게서 온다는 것과 하나님이 이 모든 일의 근원과 원천이신 것을 알고 또 확신할 수 있다. 심지어 나는 다양한 환경 너머에 계신 하나님을 본다. 그리고 나를 하나님의 사랑에서 끊을 수 있는 것은 아무 것도 없다는 확신을 갖는다.

하나님을 거의 알지 못하는 곳, 그러므로 하나님의 사랑을 확신하지 못하는 곳엔, 환경에 대한 불평과 불만, 심지어는 반역이 있을 수밖에 없다. 그런 경우, 하나님 앞에 벌거벗은 것같이 드러나게 된다는 사실은 기쁨이 아니라 극한 공포를 일으키는 요인이 될 것이다. 사도 요한은 "하나님이 우리를 사랑하시는 사랑을 우리가 알고 믿었노니 하나님은 사랑이시라 사랑 안에 거하는 자는 하나님 안에 거하고 하나님도 그 안에 거하시느니라"(요일 4:16)고 했다.

116

우리는 종종 우리가 처한 환경을 생각하면서 그에 대해 불만어린 감정과 판단을 쏟아낸다. 이것이 정녕 사실이 아닌가? 그렇다면 그것은 우리 영혼이 현재 하나님과 친밀한 교통을 누리며 살고 있지 않다는 증거다. 우리 마음을 가득 채우고 있어야 하는 것은, 환경 자체에 대한 염려가 아니라 그러한 환경을 허락하신 하나님의 뜻이 어디에 있느냐 하는 것이다.

우리 양심이 더욱 각성될 필요가 있다. 왜냐하면 우리는 양심으로 하나님 앞에 서야만 하기 때문이다. 이것은 그리 기쁜 일은 아닐 수 있지만, 그럼에도 우리 영혼에 매우 유익한 일이다. 그러므로 우리는 "지으신 모든 것이 하나라도 그 앞에 나타나지 않음이 없고 오직 만물이 우리를 상관하시는 자의 눈 앞에 벌거벗은 것같이 드러나도록"(히 4:13) 할 필요가 있다. 사랑하는 형제들이여, 결국 아무 것도 하나님의 눈을 피하여 숨길 수 없다는 것을 아는 것은 참으로 복된 일이 아니겠는가? 하나님께서 우리 마음의 모든 생각을 감찰하심으로써, 우리에게 복을 주시는데 방해가 될 만한 것들 또는 하나님과의 교통을 약화시키는 것들을 드러내어 제거해버리신다니 이 얼마나 위안이 되는 일인가! 내 마음 속에서 작동하고 있는 은밀한 악이 있지만, (만일 그것을 탐닉하고 있다면, 일만 악 중에 한 가지만으로도 하나님과의 친교는 방해를 받게 된다) 미처 그것을 인지하지 못한 채 지낼 수가 있다. 그렇다. 하나님은 나에게 악을 드러내고, 그 악을 제거하려는 목적에서 어떤 환경을 보내신다. 이것이 정녕 복이 아니란 말인가? 환경은 결코 악(惡)을 창출하지 않는다. 오히려 악을 더욱 활개 치도록 할 뿐이다. 환경은 내 마음 속에 있는 실체의 움직임을 따라서 작용하며, 그 실체를 드러내도록 한다. 만일 내가 양심상 하나님 앞에서 벌거벗은 것같은 상태로 서보았다면, 이전에는 볼 수 없었던 또는 그곳에 그런 것이 있었는지 결코 알 수 없었던 나 자신 속에 있는 악을 발견하게 될 것이다. 하나님은 "마음의 생각과 뜻"을 드러내신다(히 4:12). 우리의 사랑과 확신을 흐리고, 우리의 위안과 평안을 방해하는 것으로 작용할 뿐인 것을 그대로 두신 채 하나님은 결코 안식을 취하실 수 없으시다. 이렇게 폭로된 악, 그리고 이렇게 악을 폭로시키고자 주어진 환경은 모두 망각되고, 이를 통해서 성취된 하나님의 목적만이 남게 된다.

사람의 마음은 자연스럽게 안식을 추구하며, 이 땅에서 안식에 들어가고자 애쓴다. 그럼에도 성도에겐 이 땅에서 얻을 수 있는 안식이란 없다. 하지만 성경은 "그런즉 안식할 때가 하나님의 백성에게 남아 있도다"(히 4:9)라고 기록하고 있다. 이 사실을 아는 것은 복이면서 또한 슬픔이다. 육신적인 사람에겐 슬픔이다. 왜냐하면 육신은 항상 안식을 구하지만, 항상 실망할 수밖에 없기 때문이다. 성경은 "저희가 내 안식에 들어오지 못하리라"(3,5절)고 말했다. 영적인 사람에겐 복이다. 왜냐하면 하나님에게서 난 (즉 거듭난) 사람은 하나님 자신의 안식에 들어가 안식할 수 있기 때문이다. 하나님은 죄가 부패한 가운데서는 안식할 수 없으시다. 하나님은 완전히 거룩한 곳에서만 안식할 수 있으시다. 이렇게 안식하시는 하나님이 사랑이시고 또한 우리를 사랑하시기 때문에, 하나님은 우리를 자신의 안식과 자신의 기쁨 속으로 이끌어주실 것이란 사실을 우리가 이해하길 바라신다.

117
일단 우리 영혼이 이러한 하나님의 안식이 무엇인지 알게 되고, 우리 마음이 하나님의 안식을 갈구하게 되면, 거기엔 하나님의 사랑이 우리를 하나님 자신의 기쁨 속으로 데리고 들어가는데 방해가 되는 것은 남김없이 제거했다는 사실을 이해함으로써 오는 말로 표현할 수 없는 기쁨이 찾아 온다. 그렇다면 우리 영혼 속엔, 다른 곳에선 이러한 안식을 결코 찾을 수 없다는 충만하고 확고한 의식이 새겨지게 될 것이다. 그렇게 되면, 우리가 추구했던 육신적인 기쁨과 일순간 우리가 안식을 발견했다고 생각했던, 그 육신적인 쾌락은 마치 이스라엘의 진영에 내렸던 메추라기처럼(민 11장) 다만 독으로 변하고 만다.

우리 영혼의 참 안식은 하나님의 안식 안에 있다는 지식을 실제적으로 잃어버릴 때마다, 우리 자신이 "안식할 때가 남아 있다"는 사실을 잊는 순간, 우리는 이 땅에서 안식을 찾기 시작하게 되고, 결과적으로 불안해지고, 안절부절못하고, 만족할 줄 모르는 상태에 떨어진다. 우리가 처한 환경을 벗어나고자 애쓰고, 해법을 찾고자 할 때마다, 그렇게 찾아낸 바로 그것이 새로운 어려움의 시작이 되고, 내적 갈등과 고민은 더욱 깊어지게 되며, 영육간의 쉼은 간 곳 없게 되고 더욱 영혼의 곤고함에 빠져드는 것을 경험하게 될 것이다. 이러한 상태에서 벗어나 우리로 하여금 안식에 들어가게 하실 만큼 하나님은 우리를 사랑하신다.

사랑하는 형제여, 그대는 하나님의 안식 외에 다른 그 어디에서도 안식을 찾을 수 없다는 사실에 만족하는가?

많은 성도들이 불행을 느끼고 또 안절부절 하지 못하는 이유가 무엇일까? 바로 이 세상에서 안식을 갈구하기 때문이다. 그러므로 하나님은 그런 영혼을 징계하시고 각성시키는 일을 하실 수밖에 없다. 그래서 어떤 환경을 허락하심으로써 마음의 실제 상태를 드러내는 일을 하시며, 우리 속에 감추어진 자기의가 드러나도록 하신다. 환경은, 우리 속에 하나님을 거부하는 것이 없다면, 아무런 문제가 되지 않는다. 그저 바람처럼 스쳐지나갈 것이다. 하나님은 우리 속에 하나님과의 교통을 방해하는 것과 하나님에게서만 안식을 구하는 것을 훼방하는 것을 다루는 일을 하신다. 하나님의 징계는 오로지 사랑에 의해 시발(始發)된 것으로서, 지속적이며 지칠 줄 모르는 힘에 의해서 시행되며, 우리가 마침내 하나님의 안식에 들어갈 때까지 중단 없이 진행될 것이다. 만일 하나님이 여기서 우리의 안식을 깨뜨리신다면, 만일 하나님이 우리의 양식을 독으로 변케 하신다면, 그것은 하나님께서 우리를 하나님 자신의 안식 속으로 넣어주시려는 것이며, 우리의 열망이 아니라 하나님의 열망으로 충족함을 느끼고 충분히 만족하는 자가 되게 하려는 것이다. 하나님은 그렇게 자신의 사랑 안에서 만족하는 사람에게서 안식하신다.

"이미 그의 안식에 들어간 자는 하나님이 자기 일을 쉬심과 같이 자기 일을 쉬느니라."(히 4:10) 이 구절에서 말하는 안식은 칭의 또는 자신의 죄에 대한 심판에서 자유롭게 된 영혼 속에서 일어나는 양심의 안식의 문제를 가리키지 않는다. 신자는 죄 사함 또는 칭의 문제에 관한한 모두 해결된 사람이다. "한 사람의 순종치 아니함으로 많은 사람이 죄인 된 것같이 한 사람의 순종하심으로 많은 사람이 의인이 되리라."(롬 5:19) 우리가 안식하는 곳에서, 하나님도 안식하신다. "저가 한 제물로 거룩하게 된 자들을 영원히 온전케 하셨느니라."(히 10:14) 신자는 그리스도의 사역을 의지함으로써 이미 온전하게 되었다. 신자는 그리스도의 피로 인해서 평안을 누리는 사람이다.

118

요점은 이렇다. 즉 하나님은 의롭다 함을 받은 사람을 자신의 가족으로 삼으신다. 하나님은 자신의 자녀가 된 사람을 훈육하실 뿐만 아니라, 하나님 자신의 복됨과 안식이 주는 즐거움 속으로 자라도록 양육하는 일을 하신다. 만일 내가 부모로서 어떤 일을 기뻐한다고 해서, (자녀를 진심으로 사랑한다고 해도) 억지로 자녀에게 나와 동일하게 그 일을 기뻐하도록 만드는 일은 불가능하다. 악한 우리도 이럴진대, 하물며 우리 하늘 아버지께선 오죽 하실까! 하나님이 우리에게 바라시는 것은 (우리가 살펴본 대로 하나님이 기뻐하시는 일은) 우리를 자신이 기뻐하시는 모든 것 가운데로 이끄시는 것이다. 하나님은 그것을 기뻐하도록 우리를 신의 성품에 참여하는 자가 되게 해주셨다. 히브리인들은 이 세상에 속한 안식을 추구하는 일에 계속해서 집착했다. 다시 말해서 믿음의 삶을 살지 않았다. 사도가 여기서 강조하고자 하는 핵심은, 하나님은 이 땅에서 안식하신 일이 없다는 것이다. 성도가 하나님의 사랑을 의심하고 또 그 사랑 안에서 안식하지 않는 한, 하나님도 안식하실 수 없으시다는 것이다. 이 사실은 다양한 증언들을 통해서 얼마든지 입증된다.

히브리서 4장 3-8절을 보자. 그들의 상태를 보며 사도는 "이미 믿는 우리들은 저 안식에 들어가는도다"(3절)라고 말했지만, 그 말이 꼭 그들이 이미 안식에 들어갔다는 의미도 아니었고, 그들 뿐만 아니라 우리도 안식에 들어가는 일이 이미 확정되었다는 뜻도 아니다. 우리는 그들이 "고난의 큰 싸움을 참은 것"과 "비방과 환난으로써 사람에게 구경거리가 되고 또 이런 형편에 있는 자들로 사귀는 자"가 되었다는 구절을 볼 수 있다(히 10:32,33). 그럼에도 그들은, 사도가 그들에게 "너희에게 인내가 필요함은 너희가 하나님의 뜻을 행한 후에 약속을 받기 위함이라"(36절)고 말할 수밖에 없는 환경 속에 있었다. 이러한 권면의 말씀이 필요하다는 것은 그들이 아직 안식의 상태에 들어갈 준비가 되지 않았음을 말해준다. 그래서 사도는 "그러므로 우리는 두려워할지니."(1절) "그러므로 우리가 저 안식에 들어가기를 힘쓸지니"(11절)라고 말해야만 했다.

일순간 하나님의 사랑과 신실하심을 받을 자격의 문제가 불거지니 이상하게 보일수도 있을 것이지만, 이어지는 권면의 말을 보자. "그러므로 우리는 두려워할지니 그의 안식에 들어갈 약속이 남아 있을지라도 너희 중에 혹 미치지 못할 자가 있을까 함이라."(히 4:1) 우리가 안식에 들어가는 길에 있긴 하지만, 하나님을 향하여 책임의 문제가 여전히 있기 때문에 하나님은 경고하는 일을 결코 멈추지 않으신다. 만일 이것이 칭의의 문제라면, 성경은 우리에게 "두려워하지도 말고, 힘쓰지도 말고" 다만 "그리스도께서 그대를 위해 하신 일만 의지하라"고 말할 것이다. "일하는 자에게는 그 삯을 은혜로 여기지 아니하고 빚으로 여기기" 때문이다(롬 4:4).

하지만 만일 칭의의 문제가 해결되고 또 그것도 영원히 해결되었다면, 이처럼 "두려워하고" 또 "힘쓰는 일"이 시작된다. 이제 직면하게 되는 복스러운 원리는 장차 우리가 하나님과 직접 대면하는 일이다. 왜냐하면 우리는 하나님의 사랑을 온전히 확신하고 있고, 또 왜냐하면 우리는 하나님의 안식이 가진 가치를 알고 있기 때문에, 우리는 이제 성화 차원에서 모든 것을 두려워할 필요가 있다. 다시 말해서 우리가 걸어가야 하는 이 믿음의 길에 시험과 올무가 있다는 사실 때문에 두려워해야 할 뿐만 아니라 육신과 육신의 작용이 우리와 하나님 사이를 가로막을 것이란 사실 때문에 두려워해야 한다. 그럼에도 참으로 복된 일은, 이 길 끝에 우리를 위하여 하늘에 간직된 "썩지 않고 더럽지 않고 쇠하지 아니하는 기업"이 있다는 것이다(벧전 1:4). 그럼에도 우리 양심은, 내 속에서 용솟음치듯 역사하고 있는 이처럼 엄청난 악을 어찌할 것이며, 심지어 내 속에 있는 죄성이 하나님을 대적하고 있다는 사실을 어찌할 것인가를 고민하지 않을 수 없다! 우리가 "말세에 나타내기로 예비하신 구원을 얻기 위하여…하나님의 능력으로 보호하심을 입은" 것은 "믿음으로 말미암아" 되는 것(벧전 1:5)이란 사실에 유념해야 한다. 왜냐하면 믿음은 하나님의 임재를 실현시키는 거룩한 장치이기 때문이다. 그러므로 우리에겐 이처럼 거룩한 두려움이 있다. 그래서 우리는 나그네로 있을 때를 두려움으로 지내야 하는 것이다(17절).

119

바울은 빌립보 사람들에게 편지를 쓰면서 "형제들아 나는 아직 내가 잡은 줄로 여기지 아니하고 오직 한 일 즉 뒤에 있는 것은 잊어버리고 앞에 있는 것을 잡으려고 푯대를 향하여 그리스도 예수 안에서 하나님이 위에서 부르신 부름의 상을 위하여 좇아가노라"(빌 3:13,14)고 말했고, 게다가 "어찌하든지 죽은 자 가운데서 부활에 이르려 하노니"(11절)라고 했다. 과연 바울은 부활의 확실성을 믿지 않는 것인가? 그렇지 않다. 그는 자신이 걸어가는 믿음의 길의 끝에 일어날 일을 확실히 보았을 뿐만 아니라, 그 길에 있을 모든 어려움도 보았다. 바울은 자신이 달리는 그 길에서 자신을 끌어내리려는 시도가 있을 것과 또 잠시 뿐일지라도 (육신의 기쁨을 허용하게 되면 그렇게 될 수밖에 없는) 내리막길을 걸을까봐 크게 두려워했던 것이다. 그리고 나서 그는 "형제들아 너희는 함께 나를 본받으라 또 우리로 본을 삼은 것같이 그대로 행하는 자들을 보이라 내가 여러 번 너희에게 말하였거니와 이제도 눈물을 흘리며 말하노니 여러 사람들이 그리스도 십자가의 원수로 행하느니라 저희의 마침은 멸망이요 저희의 신은 배요 그 영광은 저희의 부끄러움에 있고 땅의 일을 생각하는 자라"(빌 3:17-19)는 말을 덧붙였다. 그는 이 믿음의 길에서 탈선하는 무수히 많은 사람들을 내다본 것이다.

이렇게 거룩한 두려움이 있는 곳에, 이 길의 끝에 우리를 기다리고 있노라고 약속된 하나님의 안식이 있다. "그러므로 우리가 저 안식에 들어가기를 힘쓸지니 이는 누구든지 저 순종치 아니하는 본에 빠지지 않게 하려 함이라."(히 4:11) 은혜는 이처럼 불순종에 빠지는 결과를 방지하는 쪽으로 역사한다. 하지만 사람의 의지의 작용의 화신(化身)인 육신은 거듭난 일이 없는 단지 입술만의 신앙 고백자에게 더 강력하게 역사하는 법이다.

 거듭난 일이 없이, 그저 기독교란 종교에 매여 있는 사람들에게 '하나님을 거룩한 경외심으로 사랑하는 것' 과 같은 참 성도의 증거를 찾아볼 수 없는 것은 당연하다. 회심한 일이 없는 사람은, 이상한 일이지만, 사탄을 무서워하는 마음이 없다. 그런 사람 가운데서 마음이 그리 강퍅하지 않은 사람일지라도 하나님을 크게 두려워하는 마음은 있다. 반면 하나님의 성도는 하나님께 대한 두려움은 없지만, 반대로 사탄에 대한 두려움은 있다. 예수님은 요한복음 10장에서 자신의 양들의 특징에 대해 말씀하셨는데, 거기서 예수님은 "타인의 음성은 알지 못하는 고로 타인을 따르지 아니하고 도리어 도망하느니라"(5절)고 말씀하셨다. 그리스도의 양들 속엔 세상 모든 것에 대한 불신이 있지만, 자기 목자의 음성만은 확실히 안다. "내 양은 내 음성을 들으며 나는 저희를 알며 저희는 나를 따르느니라."(27절) 무엇보다 그리스도의 양들은 이리들을 두려워한다. 왜냐하면 자신의 연약함을 알기 때문이다. 만일 누군가 '끝은 확실하다. 거기에 도달하는 방법은 상관하지 말라'고 말한다면, 양은 그러한 소리는 참 목자의 음성이 아니란 걸 금방 알아차릴 것이다. 영광을 바라보는 우리의 눈을 흐리게 하거나, 또는 하나님을 순전한 눈으로 바라보지 못하게 방해하는 모든 것은, 그것이 아무리 귀하게 보이고 또 가치 있게 보일지라도 경계해야만 한다. 왜냐하면 그러한 성향이 습관화되면 우리는 금방 내리막길을 걷게 될 것이기 때문이다. 눈이 온전하면, 온 몸이 밝을 것이다. 따라서 악은 모든 모양이라도 버려야 한다. 그렇지 않으면 하나님을 단순한 마음으로 바라보고, 나뉘지 않은 마음으로 신뢰하는 것을 방해하는 것으로 작용하게 될 것이다.

120

그러므로 악은 하나님의 사랑이 불확실하기 때문에 생기는 것이 아니라, 광야의 길을 걷는 우리가 마땅히 "두려워하고 또 힘써야 함에도 불구하고" 우리 자신을 너무 확신하기 때문에 생긴다. 하나님의 성도는 이 세상이 "물이 없어 마르고 곤핍한 땅"(시 63:1)인 것을 알지만 그럼에도 광야 같은 이 세상에서 하나님의 임재 속으로 들어가고 또 그 영혼이 "골수와 기름진 것을 먹음과 같이 만족"하게 되며(5절), "주의 복락의 강수로"(시 36:8) 마시는 것을 누리는 존재다. 이집트에서 속량 받은 일은 이스라엘 백성들을 광야에 들어가게 했다. 만일 우리가 광야에서 하나님을 모시고 있지 않다고 할 것 같으면, 우리에겐 아무 것도 없는 것이 된다. 이 넓은 세상엔 새 사람을 시원하게 해줄 것이 아무 것도 없다. 반대로 하늘에선 옛 사람을 만족시켜줄 것이 아무 것도 없다. 만일 우리가 우리를 살피고 지키시는 하나님의 눈과 우리를 돕고 보호해줄 하나님의 손을 상실한다면, 우리에겐 우리를 둘러싼 사막의 모래와 우리 자신의 어리석음 외엔 아무 것도 가진 것이 없게 된다. 누군가 하나님의 성도에게

'그래도 결국엔 안식의 기쁨에 들어갈 것 아니냐'고 속삭이는 말을 할지도 모른다. 아! 우리는 대답해야 하리라. '나에겐 내가 머지않아 하나님과 함께 할 것이란 사실을 아는 것으론 충분하지 않습니다.' 그렇다. 나는 지금 하나님 안에서 누리는 안식이 필요하고, 나는 지금 하나님을 친밀히 알고, 나는 지금 하나님의 임재를 누리길 바란다. 현재적인 복과 분깃으로 지금 하나님을 누리는 것이 없다면 내 영혼은 결코 만족할 수가 없고, 나와 하나님 사이에 무언가 끼인 것이 있는 같은 것은 너무도 끔찍스러운 일이 되고 말 것이다. 나의 눈이 하나님을 바라보고 있고 또 나의 영혼이 하나님을 의지하는 한, 그 길의 끝에서만 아니라 이 길을 걷는 모든 날 동안, 안식은 우리 마음 속에 자리 잡게 될 것이며, 우리에게 하나님과 교통을 나누는 신성한 통로가 되어줄 것이다.

사랑하는 친구들이여, 이 세상 모든 것은 우리의 안식은 이 땅에 속한 것이 아님을 입증한다. 내 마음에서 하나님이 멀어질 위험성이 있는 광야에 내가 있다는 두려움은 안식이 아니다. 사탄과의 싸움을 싸우는 것도 안식이 아니다. 수고하고 애쓰는 것도 안식이 아니다. "그런즉 안식할 때가 하나님의 백성에게 남아 있다."(히 4:9) 그러므로 새 사람으로서 우리 자신이 게으르지 말고 부지런해야 하는 이유가 여기에 있다. 이렇게 하는 것은 우리의 기쁨을 위해서 매우 중요하다. 교회는 교회의 복이 있고 또 특별한 수고의 영역이 있음을 알 필요가 있다. "가난한 자는 밭을 경작하므로 양식이 많아지거늘 혹 불의로 인하여 가산을 탕패하는 자가 있느니라."(잠

13:23) 우리의 심령이 가난하고 또 하나님의 안식에 들어가기를 힘쓰고 있다면, 그리스도 예수 안에 있는 풍성을 누리는 것이 현실이 되고 실제가 되는 길을 발견할 것이다. 안타깝게도 많은 성도들이 이러한 것을 모른다. 우리는 과연 우리 삶에서 신령한 복을 누릴 수 있는 영역에 있는가? 이 세상 사람들은 자신만의 추구가 있고, 그들은 그러한 것들에 사로잡혀 있다. 우리 속에 있는 하나님의 생명은 그처럼 세상적인 것을 양식으로 삼는가, 아니면 그리스도 안에 있는 풍성을 양식으로 삼는가? 그렇다. "우리에게 제단이 있는데 그 위에 있는 제물을 장막에서 섬기는 자들은 이 제단에서 먹을 권한이 없다."(히 13:10) 우리에게 주어진 하나님의 생명은 그 자체의 힘을 발휘할 수 있고, 그 자체의 자원을 확보해서 능력으로 나타날 수 있는 영역이 있다. 교회는 그 자신만의 기쁨이 있고, 그 자신만의 즐거움이 있으며, 그 자체의 생명의 영역이 있다. 그 자체의 감성을 따라서 움직이는 영역이 있고, 그 자체의 관심사가 있으며, 그 자신만의 세계가 있다. 그렇다면, 진정 교회가 영광스러운 교회의 길을 간다면 하나님을 위한 합당한 열매를 맺을 것이다. 사랑하는 독자여, 그대는 이러한 복을 의식하며 살고 있는가? 뿐만 아니라 그리스도 안에 있는 풍성을 누리고 살고 있으며, 그렇게 사는 것을 당신 영혼의 기쁨으로 삼고 있는가? 과연 하나님 안에 있는 선하심을 맛보고 있는가? 내가 일단 그리스도의 풍성을 맛보았다면, 나는 더욱 풍성함을 누리게 될 것이며, 이로써 측량할 수 없는 그리스도의 풍성을 다른 사람들에게 전달하는 통로가 될 것이다.

121

만일 나 자신이 그리스도 안에 있는 풍성을 발굴해내는 이러한 거룩한 수고에 참여하고 있다면, 그 일은 그리스도 안에서 우리의 복으로 주신 것을 (다른 사람들보다) 좀 더 생동감 있게 생각하고 지각하는 감각 가운데 살도록 우리를 지켜준다. 이러한 일에 흠뻑 매료된 사람은 기타 다른 일엔 흥미를 느낄 수 없다. 그리스도를 순전한 마음으로 바라보는 영혼은 시험과 죄를 능히 이길 수 있다. 우리에게 시험이 될 말한 것을 많이 생각하지 않을 것이며, 이로써 우리는 영적 힘을 얻게 될 것이다. 우리 마음은 그런 일을 더 이상 생각하지 않게 될 것이며, 그런 노력조차도 더 이상 필요치 않게 될 것이다. 우리의 특권은 그리스도로 점유되는 것이며, 그럴 때 승리를 얻게 된다. 우리의 자유는 더 이상 육신에 굴복하는데 사용되지 않을 것이며, 죄에 굴복하여 다시는 죄에 빠지는 일이 없을 것이다. 그렇다면 육신의 방해 없이 하나님을 섬기는 자유를 누리게 될 것이다. 나는 육신에 굴복하는 자유를 원치 않고, 다만 새 사람에게 순종하는 자유를 원한다. 그렇게 하는 것이 나의 아버지의 뜻을 행하는 삶이다. 만일 그 무엇이 지상의 삶을 사는 동안 주 예수의 자유를 빼앗아갈 수 있었다면, (물론 그런 일은 불가능한 일이지만) 그것은 아버지의 뜻을 행하는 것을 방해하는 것으로 작용했을 것이다.

"두려워하고" 또 "힘쓰라"는 것이 특권에 속한 일처럼 들리지 않을 수 있지만, 사실 그것은 하나님의 자녀에게 속한 높은 특권이다.

우리는 이 세상을 살아가는 동안 많은 일에 실패할 수 있기 때문에, 하나님께서 우리 마음을 살피시고 또 양심을 다루시되 "만물이 우리를 상관하시는 자의 눈 앞에 벌거벗은 것같이 드러나게" 하신다는 것을 아는 것은 복스러운 특권이다. 만일 우리가 우리 자신을 살피고 판단하는 일을 하지 않는다면, 하나님께서 우리를 판단하는 일을 하실 것이다. 그러나 "우리가 판단을 받는 것은 주께 징계를 받는 것이니 이는 우리로 세상과 함께 죄 정함을 받지 않게 하려는"(고전 11:32) 것이다.

122

진정 거룩을 사랑하는 영혼들에겐, 하나님이 오셔서 하나님의 집을 청소하실 것이며, 하나님의 눈에 거슬리는 것이나 또는 우리가 하나님이 거하시는 빛 가운데서 행하는 것을 방해할 만한 그 무언가를 찾아내신다는 것을 아는 것이 위로가 되지 않겠는가? 은혜는 성도들로 하여금 "하나님이여 나를 살피사 내 마음을 아시며 나를 시험하사 내 뜻을 아옵소서 내게 무슨 악한 행위가 있나 보시고 나를 영원한 길로 인도하소서"(시 139:23,24)라고 담대하게 말할 수 있게 해준다. 이 얼마나 놀라운 확신이며, 고백인가! 그리하면 하나님은 우리를 살피시되, 말씀의 빛으로 밝히실 것이다. 하나님은 말씀을 통해서 거울처럼 악을 보여주신다. 이것은 성령님께서 말씀을 사용해서 하시는 일이다. "하나님의 말씀은 살았고 운동력이 있어 좌우에 날선 어떤 검보다도 예리하여 혼과 영과 및 관절과 골수를 찔러 쪼개기까지 하며 또 마음의 생각과 뜻을 감찰하나니."(히

4:12) 우리는 하나님의 임재 속으로 들어왔다. 우리는 소위, 하나님이 우리에게 친히 말씀하시는 사람들이다. 하나님은 심지어 하나님의 가장 은혜로운 말씀을 통해서도 나의 마음을 살피게 하신다. 그 때 나에게 악이 함께 있는 것이 드러나게 되면, 과연 주님은 그에 대해 심판을 명하시고, 또 그것을 나에게 죄로 전가시키실 것 같은가? 그렇지 않다. 오히려 주님은 "여기에 나의 사랑과 조화되지 않을 뿐만 아니라, 내 사랑을 충족시킬 수 없는 것이 있구나"라고 온유한 음성으로 말씀하신다.

만일 우리가 하나님의 말씀으로 우리 자신을 판단하는 일을 게을리 하고 있다면, 어쩌면 징계를 불러올 수도 있다. 그럼에도 이렇게 우리가 하나님과 "대면해야만 한다"는 사실은 한편으론 우리에게 격려와 위안이 된다. 어쩌면 우리는 이 세상에 속한 안식을 추구해 왔을 수가 있고, 거의 마침내 정착했으며, 광야에서 안식처를 마련했을 수도 있다. 그때 하나님은 우리에게 오셔서 뿌리째 뽑는 일을 시작하신다. 만일 하나님께서 잠시 동안 우리를 그냥 내버려두실 필요를 본 것이 아니라면, 그렇게 걸려 넘어지게 하심으로써 우리 양심은 일깨움을 받게 될 것이다.

만일 우리 마음을 시험하고 또 당혹스럽게 만드는 환경이 주어졌다면, 이렇게 말하자. '하나님이 나를 대면하고자(상관하고자) 그 앞으로 부르시는구나'라고. 하나님은 무엇 때문에 이런 일을 허락하신 것일까? 우리 마음이 하나님의 임재를 인식하는 그 순간, 모든 것이 해결된다. 하나님 앞에 항복할 필요가 있다. 우리 영혼이 마침내 이러한 환경을 허락하신 하나님을 대면하게 될 때, 모든 것이 평안해질 것이다.

하나님이 우리 마음을 살피고 또 시험하는 단계는 아직 안식의 단계가 아니다. 하나님을 찬송하자. 여기 이 땅이 주는 안식은 우리가 누릴 분깃이 아니다. 하나님의 거룩은 죄가 있는 곳에선, 우리로 안식을 누리도록 허락할 수가 없다. 하나님의 사랑은 슬픔이 있는 곳에선, 우리에게 안식을 줄 수가 없다. 그렇다면 우리를 위하여 "안식할 때가" 남아 있으며, 그것은 곧 하나님의 안식의 때인 것이다. 하나님의 안식 속엔 죄가 없고, 어려움도 없으며, 슬픔도 없다. 거기엔 오직 하나님만이 계실 것이다. 그 때 우리는 하나님 안에서 안식을 누리게 될 것이다.

123
만일 우리가 하나님의 사랑을 흘러넘치는 강수처럼 마시는 위안과 즐거움을 충분히 알고 있다면, 현재적 환경은 아무 것도 아닌 것처럼 느껴지게 될 것이다. 그렇다. 만일 우리가 우리를 향한 하나님의 목적을 충분히 알고 있다면, 우리는 이렇게 말하고 싶을 것이다. '하나님이 나를 다루시게 하자. 하나님이 나를 징계하시도록 하자. 하나님이 그 뜻대로 나를 뿌리째 뽑으시게 하자.' 그럴 때 우리는 하나님의 사랑 안에서 충만한 사귐을 나누게 될 것이다.

오, 지극히 작은 분량의 복에 만족하지 말자. 낮은 수준과 적은 분량의 즐거움에 안주하지 말자. 더 멀리 내다보고, 우리 눈을 하늘을 향해 들자. 성령의 능력을 의지해서, 예수 안에 있는 모든 신령한 복을 체험하고 누리는 길로 나아가자.

제 4장
하나님의 안식에 들어가는 길
The Believer entering into God's Rest

329

이제 히브리서 4장을 통해서, 특별히 광야에 있던 이스라엘의 상태와 우리의 상태를 비교함으로써 하나님의 안식에 들어가는 길을 발견해보자.

은혜의 역사가 시작되었음을 알지만, 우리는 계속해서 무언가 우리 자신이 해야 할 일이 있다고 생각하는 성향이 있다. 그래서 모든 사고의 중심에 우리 자신을 둔다. 하지만 우리 사고의 중심에 하늘을 두면, 우리는 하늘에 들어가는 길을 찾게 될 것이다. 분명 구원이 우리의 복인 것처럼, 안식도 우리의 복이다. 하나님의 구원이 가지고 있는 가치를 알 때, 우리는 안식의 가치를 더 잘 알게 된다. 구원은 안식과 함께 간다. 우리 영혼이 하나님을 더욱 많이 의지하면

할수록, 우리의 구원, 성화, 안식, 천국 또는 장차 올 영광의 문제는 곧 하나님의 안식, 하나님의 천국, 하나님의 영광, 하나님의 성화 그리고 하나님의 구원의 문제가 되며, 이로써 으리는 더욱 우리가 받은 충만한 복이 무엇인지 이해하게 된다. 이 모든 것이 하나님의 것이란 사실을 우리가 진정으로 깨달을 때까지, 우리는 어느 복도 그 복이 가지고 있는 참 가치대로 누릴 수 없다. 만일 우리가 들어갈 안식이 있다고 한다면, 우리는 대개 나 자신이 감당해야 하는 고생과 수고만을 생각하는 경향이 있다. 나름 옳긴 하지만, 성경이 말하는 안식에 대한 바른 평가는 아니다. 성경에서 말하는 안식이 가진 충만한 가치와 그 풍성함을 얻어 누리려면, 그것은 반드시 하나님의 안식이어야만 한다. 하나님의 안식은 너무도 좋은 것이고, 너무도 복스러운 것이다. 그래야 하나님의 안식답다. 그러한 하나님의 안식이 이제 나의 것이 되었다는 사실에 눈을 뜨자. 왜냐하면 하나님께서 그 안식 속으로 나를 넣어주셨기 때문이다. 하지만 그 하나님의 안식이 하나님께서 자신의 영광을 위하여, 또한 그것을 필요로 하는 사람의 원함을 따라서가 아니라 하나님의 온전하심을 따라서 일하신 결과인 것을 배울 때까지, 나는 안식이 가진 충만한 능력을 경험하지 못할 것이다. 하나님이 우리에게 주신 모든 신령한 복을 생각해볼 때, 이 모든 복 속에는 하나님의 어떠하심이란 진리가 들어 있다는 생각을 하지 않을 수 없다. 그렇다면 하나님은, 내가 그리스도 안에서 소유하고 있는 모든 보배로운 것들 가운데 가장 우선적으로 생각해야 하는 제일인자(the first leading thought)이시다.

하나님은 우리의 원함을 따라서, 우리의 원함을 충족시켜주시고자 은혜로 일하신다. 하지만 우리의 원함에 의해서 그리고 우리의 원함을 따라서 일하시는 하나님은 또한 하나님이 우리에게 어떤 분이신지를 알도록 우리를 인도하신다. 하나님은 그저 '너는 거룩해야 한다'고 말씀하지 않으신다. 오히려 하나님은 우리로 하여금 하나님의 거룩하심에 참여하는 자가 되도록 우리를 징계하는 일을 하신다(히 12:10). 어째서 그런가? 왜냐하면 하나님은 자신의 성품을 따라서 우리를 대하시기 때문이다. 하나님의 큰 기쁨은 하나님의 성품대로 우리를 대우하시는 것이다. 이러한 것이 참 은혜이다. 나 자신이 은혜 안에서 하나님 자신의 성품을 따라서 역사하시는 하나님을 알 때까지, 나는 복의 원천이 무엇인지, 기쁨의 원천이 무엇인지, 행복의 원천이 무엇인지, 나의 영혼이 누리는 평안의 원천이 무엇인지 결코 알 수 없다.

330

하나님이 자신의 피조물을 다루시는 모든 역사를 보면, 두 가지 큰 원칙이 있다. 바로 책임과 생명의 원천이다. 에덴동산을 보자. 에덴동산에는 선과 악을 아는 지식의 나무가 있었다. 그것은 사람의 책임을 의미했다. 게다가 생명의 나무도 있었다. 이는 생명의 원천을 의미했다. 이러한 것은 우리에게도 해당된다. 죄인으로서 사람은 하나님을 향해 책임이 있다. 마찬가지로 성도로서 사람은, 은혜 가운데 있지만 여전히 하나님을 향해 책임이 있다. 천사들은 하나님의 기뻐하시는 뜻을 수행할 책임이 있다. 모든 피조물이 하나님을 향해 책임이 있는 것이다. 하지만 만일 피조물이 복을 받으려면, 그는 반드시 자기 영혼에 생명을 가져다주는 생명의 원천으로서 하나님의 은혜(God's grace as the spring of life)를 입어야 한다.

하나님께서 정하신 율법과 은혜 사이엔 엄청난 차이가 있다. 율법은 사람의 책임을 다룬다. 율법은 "사람이 이를 행하면 그로 인하여 살리라"(레 18:5)고 말한다. 하나의 법으로 주어진 율법은 실제론 사람의 상태를 시험하려는 목적으로 주어졌다. 그래서 많은 사람들은 '그대가 있는 곳에 그대가 감당해야 하는 책임이 있다'는 말을 한다. 그러므로 율법은 결코 사람에게 안식을 주거나 또는 사람을 온전케 할 목적으로 주어진 것이 아니다. 하나님은 사람의 책임을 측정하는 도구로 율법을 주셨다. 그렇다면 이러한 책임은 죄를 결코 허용할 수 없다. 하나님이 주신 것이기에, 율법의 척도는 하나님이 사람에게 정하신 기준을 충족시키는 것으로 작용해야만 한다. 하나님은 다른 것을 주실 수는 없으시다. 따라서 비록 생명에 이르는 방법으로 정해진 것이지만, 죄인은 율법이 사망으로 인도하는 것을 볼 수밖에 없다. 왜냐하면 율법은 죄와 죄의 법을 밝히 비추고 드러내기 때문이다. 이로써 죄인은 결코 하나님의 법에 굴복할 수가 없다는 진실이 드러난다. 율법은 결코 사람을 생명으로 인도하는 지침서가 아니었다. 당신은 하나님을 대적하는 의지를 가진 사람을 생명으로 인도할 수 없다. 당신은 결코 죄인을 율법에 의해서 의(義)에 이르도록 인도할 수 없다.

율법은 사람의 책임을 확정하는 완벽한 법이다. 하지만 율법은, 율법이 요구하는 모든 것을 주지 못한다. 당신은 무언가를 죄인에게서 요구하면서, 조건을 충족하면 복을 얻을 것이라고 말할 수 없다. 왜냐하면 죄인은 원칙상 나쁘기 때문에, 무언가를 요구하면 그 요구는 그가 얼마나 나쁜 존재인가에 대한 증거가 될 뿐이다. 자기 본성 속에 탐심을 가진 사람에게 "탐내지 말라"는 말하는 것은, 정죄하는 것 외에 무슨 소용이 있는가? 하나님을 대적하는 의지를 가진 사람을 하나님의 법에 순종하도록 인도할 수는 없다. 율법의 효과는 사람의 상태를 드러내는데 있다. 각 사람의 지체 속에 있는 죄의 법은 그 사람의 실상을 말해준다. 하나님의 법은 그 사람이 어떠해야 하는지를 말해준다. 바울은 부도덕하다는 죄가 없었다. 하지만 율법이 "탐내지 말라"고 말했을 때, 그에겐 아무 소망이 없게 되었다. 모든 게 끝장나 버렸다. 왜냐하면 그의 실상이 그대로 폭로되었기 때문이다. 율법은 자기 본성 속에 탐심을 가진 사람을 안내하는 지침서가 될 수 없다. 율법은 다만 사람이 산출해내는 모든 것이 그저 죄 뿐인 것을 발견하게 해주는 수단일 뿐이며, 정죄의 직분일 뿐이다. 십계명은 사람의 본성을 억제하는 금지 명령이었다. 마지막 계명은 "탐내지 말지니라"(출 20:17)고 말하고 있다. 그러므로 율법은 그저 내가 행한 일을 정죄하는 정도로 그치는 것이 아니라, 나의 본성을 억제시키는 것으로 작용을 하고 있었다. 율법은 죄인을 억제시키는 일을 했을 뿐만 아니라 억제 또는 금지를 당해야만 하는 자신이 처한 상태를 깨닫도록 작용하고 있었다. 당신은 죄악된 상태에 있는 사람에게 풍성한 삶에 이르게 해주는 생명의 법칙을 줄 수 없다. 율법은 진정한 생명의 법칙이긴 했지만, 사람 본성 속에 깊이 뿌리를 내리고 있는 탐심과 죄악에 물든 의지를 검출해 내는 기능만을 할 뿐이었다.

331

이제 다른 주제를 살펴보자. 우리는 하나님께서 이러한 상태에 처한 사람들에게 은혜와 생명의 원천이신 것과 하나님은 이 상태에 있는 사람들을 위해 은혜로 일하신다는 것을 배웠다. 우리는 반드시 하나님과 함께 시작해야 한다. 로마서에서 하나님은, 유대인이건 이방인이건, 사람이 어떤 존재인지를 보여주심으로써 사람을 죄인으로 드러내는 일을 하신다. 그리고 나서 예수의 피를 제시하신다. 하나님은 다시 하나님 자신의 의와는 대조적인 특징을 띠고 있는 사람의 의를 높이 들어 올리셔서, 그것이 아무것도 아님을 보여주신다. 이로써 사람의 영광은 잿더미에 묻힌다. 죄로 인해서 모든 것이 망가졌고, 파괴되었기 때문이다. 사람은 예외없이 모두 하나님의 영광에 이르지 못했다. 하지만 하나님은 그리스도의 영광을, 그리스도 안에서 나타난 하나님 자신의 영광을 소개하신다. 그리스도는 새로운 피조물의 머리로서, 완전한 의(義) 가운데서 하나님의 사람으로 세움을 입었다. 하나님은 이 새로운 피조물 가운데서 생명의 원천이 되셨다. 죄로 인해서 모든 것이 망가진 곳에, 하나님은 영광을 가져오신다. 이렇게 모든 것이 다 지나간 후에 찾아온 것이 바로 하나님의 안식이다. 만일 이렇게 찾아온 것이 생명, 영광, 의(義)라면, 그것은 하나님의 생명, 하나님의 영광, 하나님의 의다. 하나님의 생명, 하나님의 영광, 그리고 하나님의 의를 가진 사람들에게 가치 있는 안식이란 하나님의 안식 외엔 없다. 하나님은 우리를 자신의 거룩하심에 참여하는 자가 되게 해주셨다. 마찬가지로 하나님은 우리를 하나님의 안식에 참여하는 자가 되게 해주신다.

성도의 수고는 하나님의 수고이지, 죄인의 수고가 아니다. 죄인의 수고는 사람의 수고일 뿐이다. 죄인은 하나님을 만족시키고자 열심을 내서 일을 한다. 그는 그 일을 하면서 정직하고 또 진지하게 임할 수가 있다. 하지만 그 모든 것은 사람이 자신의 수고를 통해서 하나님을 만족시켜드려야만 한다는 의무감에서 행하는 것이다. 그 모든 수고의 끝에, 그는 자기 지체 속에 있는 하나의 법을 깨닫게 될 것이다. 즉 자신은 결코 하나님을 만족시켜드릴 수 없다는 진실을 처절하게 깨닫는 것이다. 율법 아래서 그처럼 열심을 다해 수고하는 사람은 하나님의 기준에 도달하고자 애를 쓸 뿐, 결코 율법의 척도에 이르지 못한다. 그 일은 결국, "오호라 나는 곤고한 사람이로다"라는 외침으로 끝나게 될 것이다. 아무리 열정적이고, 바른 열망으로 불탈지라도 종착점은 항상 같다. 반면 데살로니가전서 1장에 보면 그리스도 안에 있는 성도에게 합당한 수고가 있다. 그것은 "사랑의 수고"(살전 1:3)다. (율법 아래서 신실했던) 그리스도의 수고는 하나님을 향하여 드리는 수고가 아니라, 하나님에게서 온 수고였다. 모든 것이 하나님에게서 왔다. 하나님은 그리스도의 모든 것의 원천이자 샘이었기에, 모든 것이 하나님에게서 흘러나왔다. 그러한 것이 성도의 수고다. 사람들은 흔히, 한 성도가 수고할 때 그것은 하나님을 향하여 드리는 수고가 되어야 한다고 생각한다. 그렇지 않다면, 그러한 수고가 무슨 소용인가라고 생각한다. 얼마나 끔찍한 생각인가! 성도의 수고는, 그리스도께서 하나님으로부터 오셔서 하나님의 일을 했던 것처럼, 동일하게 그리스도 안에 있었던 것과 동일한 수고인 것이다. 그럼에도 그러한 것은 안식이 아니다. 수고는 안식이 아니기 때문이다. 그렇지만 우리는 우리가 마땅히 해야 하는 일을 놓고 완전히 쉬어선 안된다. 우리는 사실 (칭의 덕분에) 양심의 안식을 누린다. 따라서 사랑의 수고로부터 완전히 손을 놓고 쉬는 것은 있을 수 없다. (사람들은 대개 그런 것을 안식이라고 생각한다.)

332

히브리인들은 갈라디아인들처럼 율법으로 다시 돌아가고 또 성령으로 시작하였다가 육체로 마치려는 위험 가운데 있었다. 하나님께 열납되도록 드리는 수고는 하나님에게서 온 수고와는 전적으로 차원이 다르다. 하나님에게서 온 수고는 우선 하나님 자신에 대한 깊은 인식이 있다. 따라서 히브리서 3장 6절은 "우리의 처음 확신을 끝까지 견고히 잡으라"고 말한다. 바로 여기에 사랑의 수고가 있다. 즉 그들에게 맡겨진 보화, 질그릇 같은 우리의 몸에 담긴 보배를 꽉 붙잡는 것이다. 이스라엘 자손들이 광야를 통과하는 동안 겪었던 것과 같은, 우리의 영적 진보를 방해하는 싸움이 있다. 이 세상이나 이 세상에 속한 것으로는 새 사람을 상쾌하게 할 수 없는 것처럼, 하늘에 속한 것으로는 옛 사람을 만족시킬 수 없다. 이스라엘 자손들처럼, 우리에겐 믿음의 길에서 벗어날 위험이 있다.

여호수아가 약속의 땅에 들어갈 때, 그 가나안 땅에는 육욕에 젖어 살던 대적들이 있었다. 우리 또한 하늘에서 우리가 싸워야 하는 영적인 대적들이 있음을 본다. 영적인 대적들과 싸워 이기는 영적인 승리가 없다면, 우리는 지극히 작은 약속조차 나의 것으로 삼을 수 없다. 이것은 안식이 아니다. 그렇다면 하나님의 안식은 무엇인가? 하나님의 안식에 들어가려면, 우리는 하나님이 기뻐하시는 것을 우리도 기뻐하는데 필요한, 하나님의 마음을 반드시 가져야 한다. 일이 이럴진대, 모든 일이 하나님의 마음과 조화를 이룰 때까지 나는 완전한 안식을 취할 수 없다. 하나님은 은혜 가운데 일하실 뿐만 아니라, 지금은 안식을 취하실 수 없는 때이기에 일하신다. 그러므로 예수께서는 "내 아버지께서 이제까지 일하시니 나도 일한다"(요 5:17)고 말씀하셨다. 하나님은 소위 안식하실 수 없으셨다. 나는 죄인의 마음을 짓누르고 있는 죄의 결과들을 보고 있기에, 나 또한 안식할 수 없다.

이 모든 것에 앞서 고려해야 할 사항이 있다. 만일 그대가 하나님과 다투고 있는 중에 있다면, 그것은 하나님이 당신을 심판하실 것인지 아닌지에 대해서 당신에게 확신이 없기 때문일 수가 있다. 만일 율법 아래 있다면, 거기엔 당연히 안식이 있을 수가 없다. 첫 번째 경우는 매우 큰 문제로서, 당신은 무엇보다 그리스도께 완전한 항복을 할 필요가 있다. 그리하면 십자가를 통해서 당신의 모든 죄과(sins)가 해결되었음을 보게 될 것이며, 하나님의 품에 안길 수 있을 것이다. 그 다음으로 당신 양심은 안식에 들어갈 수 있다. 만일 나 자신이 과연 하나님께서 나를 구원해주실 것인지 확신하고 있지 않다면, 나는 안식에 대해서 아무 말도 할 수가 없다. 무엇보다 우리 양심이 안식에 들어갈 필요가 있다. 그리고 여기서 주목해야 할 것은, 하나님이 양심의 안식 문제로 사람을 다루실 때, 그것은 사람이 무슨 일을 해야 하는가의 문제가 아니라, 사람이 어떤 존재냐의 문제라는 점이다. 이것은 열매의 문제가 아니라, 나무의 문제인 것이다. (만일 당신이 나쁜 열매를 맺고 있다면, 그것은 당신이 나쁜 나무라는 뜻이다.) 사람은 많은 예물을 하나님께 드리고자 할지라도, 하나님은 그 모든 것을 내동댕이치실 것이다. 그리곤 '너는 나와 대면해야만 한다. 너와 나 일대일로 마주해보자. 네 영혼의 상태가 문제인 것이다' 라고 말씀하실 것이다. 그렇다면 사람의 행위의 문제는 부차적인 문제가 된다. 미가서 6장 7절을 보라. "여호와께서 천천의 숫양이나 만만의 강수 같은 기름을 기뻐하실까 내 허물을 위하여 내 맏아들을, 내 영혼의 죄를 인하여 내 몸의 열매를 드릴까?" 샘의 원천이 오염되었다. 모든 일은 원천으로 올라가야 문제가 해결된다. 원천이 깨끗하지 않은 것이다. 물의 맛을 달게 하고자 시냇물에 무언가를 넣을지라도, 강의 상류가 오염되었다면 그것은 헛일이 되고 만다. 이런 식으론 하나님을 만족시켜 드릴 수 없다. 따라서 하나님은 예수의 피를 통해서 모든 문제의 근원인 죄를 제거하심으로써 총체적인 문제를 해결하셨다.

333

복음의 은혜가 제시되면, 매우 진지하게 받아들이긴 하지만 그럼에도 여전히 자기 속에 있는 악을 실제적으로 발견하거나 또는 자기 지체 속에 있는 죄의 법을 충분히 깨닫는 일은 드물다. 이 일은 나중에 경험적으로 배우게 된다. 그 결과, 나름 하나님의 은혜를 체험하긴 하지만, 그럼에도 하나님의 은혜를 아는 지식은 피상적일 수밖에 없고, 영혼은 종종 불안과 두려움에 빠져든다. 하지만 우리 영혼이 나 자신의 지체 속에서 여전히 역사하고 있는 죄의 법을 경험적으로 알게 되면, 그때 하나님의 은혜는 그리스도 예수 안에서 우리 속에 있는 죄성(sin)을 다루기 시작한다. 그때 비로소 악이 우리와 함께 있다는 진실을 보게 될 것이다. 하지만 그럼에도 하나님은 우리를 위하신다는 사실을 알게 되며(롬 8:31), 그럴 때 내 속에서 죄가 여전히 살아 움직이는 작용 때문에 괴로움을 겪는 일을 멈추게 된다. 하나님의 은혜는 죄인의 상태를 심판했고, 따라서 그리스도에 의해서 죄 문제(the sin)가 완전히 해결되었음을 배우게 된다. 우리는 그리스도께서 하신 일로 인해서 그리스도를 흠모하고 찬양하지 않을 수 없게 된다. 죄(the sin)는 그리스도에게 전가되었고, 그리스도는 그 죄를 제거하셨다. 이에 우리 양심은 평안을 누린다. 이제 우리 영혼은 율법 아래서가 아니라 은혜 아래서 하나님을 안다. 이 문제가 해결되면, 우리는 더 이상 불안에 떨지 않게 된다. 양심상 우리는 그리스도의 피를 통해서 평안을 누린다. 그렇지만 이것은 우리로 하여금 참된 수고와 및 하나님의 안식에 들어가게 하는데 필요한 예비적인 단계일 뿐이다.

만일 우리가 안식이란 주제를 생각해볼 때, 이 안식은 처음 안식과 같은 것일 수밖에 없다. 하나님이 창조의 모든 일을 마치셨을 때, 하나님은 그 모든 일을 내려놓고 안식하셨다(창 2:3). 죄(sin)는 하나님의 안식을 깨뜨렸다. 죄는 무수히 많은 것들을 변경시켰지만, 무엇보다 세상에 하나님이 안식할 곳이 없도록 만들었다. 왜냐하면 악이 세상 곳곳에 창궐하게 되었기 때문이다. 우리 또한 세상에서 사탄의 권세와 싸우고 있기 때문에, 세상은 성도에게 안식을 줄 수 없다. 이 말은 우리에게 안식이 불확실하다는 뜻이 아니다. 우리는 성령님을 통해서 이 안식에 들어가는 기쁨 대신, 온 세상의 피조물과 함께 탄식하게 되었다는 뜻이다. 하나님은 죄로 인해서 부패해버린 이 상태의 세상에선 결코 안식을 취하실 수 없으시다. 그러므로 하나님은 새 사람을 새로운 상태, 즉 하나님이 자신을 위해서 창조하신 새로운 피조물의 세상에서 안식하도록 인도하는 일을 하신다. 악으로 가득한 이 세상에서 아직은 이러한 안식에 들어갈 수 없다. 그러므로 안식할 때가 남아 있다(히 4:9). 신자는, 그가 하나님께 열납되지 않았기 때문에 탄식하는 것이 아니다. 게다가 그 이유 때문에 "오호라 나는 곤고한 사람이로다"라고 탄식하는 것도 아니다. 다만 신자는 하나님을 더욱 많이 알게 됨으로써, 하나님과 함께 있고 싶은 열망 때문에 탄식한다. 영혼이 새롭게 된 사람은 하나님이 주 예수 그리스도 안에서 이루신 영원 속죄의 사역에 터를 잡고 있는 안식 안에서 안식한다. 왜냐하면 거기에 하나님의 안식이 있기 때문이다. 그런 사람만이 하나님이 그리스도 안에서 곧 이루실 안식을 바라본다.

334

하나님이 타락 이전 창조의 복된 상태로 (사람을 에덴동산에 들어가게 하신 것으로) 스스로 만족하셨다면, 마찬가지로 하나님은 새로운 창조의 역사를 이루시고, 둘째 사람을 그곳에 들어가게 하신 것으로 만족하실 것이다. 이 안식은 결코 훼손되지 않을 것이다. 하나님은 자신의 모든 목적을 이루시고 또 주 예수 그리스도를 그처럼 복된 장면 속으로 넣어주실 때까지 안식하실 수 없으셨다. 이제 그리스도는 새로운 피조 세계에 들어가셨고, 하나님은 거기서 안식하신다. 이러한 것이 하나님의 안식이다. 이 하나님의 안식은 우리도 들어가야 하는 안식이기도 하다. 이 안식이야말로 그리스도 안에서 새 사람에게 합당한 안식이다. 영광에 들어가신 주 예수를 바라보면 볼수록, 나의 열망은 이 안식을 더욱 추구하게 된다.

일단 (칭의 덕분에) 양심의 안식을 얻게 되면, 나는 사랑 안에서 일하시고 또 새로운 본성 속에 있는 에너지로 역사하시는 성령을 통해서 이 땅에서 해야 할 일을 발견하게 된다. 나는 위를 올려다보며 하나님 안에 있는 기쁨을 누린다. 나는 그 기쁨으로 이 땅에서 하나님을 섬긴다. 소망의 인내와 사랑의 수고를 통해서 감당해야 하는 일이 있다. 게다가 성도는 자기 속에 이 믿음의 생명과는 대조적이며, 자신이 이 섬김의 삶을 사는 것을 방해하는 무언가가 있음을 발견한다. 외부에 적대적인 세력이 있을 뿐만 아니라, 자기 속에 순전한 마음으로 봉사의 삶을 사는 것을 항상 훼방하는 세력이 있다. 바울처럼 자기 속에 자신을 높이고 자랑하고 싶어 하는 성향이 있음을 발견하게 된다. 육신은 그에게, '아무도 나처럼 셋째 하늘에 올라간 사람은 없다'는 말을 하고 싶어 하도록 작용한다. 바울이 막 복된 사역을 시작했을 때, 그가 셋째 하늘로 올라가게 된 일은 이러한 은혜를 육신이 남용할 수 있는 기회로 삼을 수 있는 가능성을 만들어주었다. 그러므로 그는 육체에 가시 곧 사탄의 사자를 지니게 되었는데, 이는 그를 쳐서 너무 자고하지 않게 하려는 것이었다(고후 12:7). 이 일은 나름 매우 유익한 일이긴 했지만, 이것이 안식은 아니었다. 가시는 그가 싸우는 대상이었을 뿐만 아니라, 죄로 기우는 경향을 점검해주는 거룩한 도구의 역할을 했다. 우리는 싸움 중에 있다. 믿음의 역사와 사랑의 수고를 통해서 우리는 우리를 정죄하는 것이 무엇인지를 발견하는 것이 아니라, 사랑의 역사와 봉사를 통해서 우리가 하나님을 온전하게 영화롭게 해드리는 일을 하지 못하도록 방해하는 것이 무엇인지를 발견하게 된다.

많은 성도들이, 자신이 싸움 중에 있음을 알기 때문에 자신이 여전히 이집트에 있다고 생각한다. 이것은 잘못이다. 만일 이스라엘이 이집트에서 속량을 받아 그곳에서 나오지 못했다면, 그들은 결코 가나안 족속과 싸움을 싸우는 일이 없었을 것이다. 우리는 바로에게 종노릇하고 있는 상태와 아말렉 족속과 가나안 족속과 싸우는 영적 전쟁의 상태를 혼동하지 말아야 한다.

335
이러한 영적 전쟁 가운데 있음을 보았다면, 우리 앞에 있는 하나님의 안식에 들어갈 복된 소망을 가진 성도가 걸어가야 하는 표준적인 믿음의 길은 무엇일까? 그것은 "누구든지 저 순종치 아니하는 본에 빠지지 않는"(히 4:11) 것이다. 어째서 순종치 아니하는 본에 빠지는 것에 대해 경고의 말을 하는 것인가? 왜냐하면 성도 속에 있는 육신은 일정한 성향(항상성)을 가지고 있는데, 하나님의 지키시는 안전지대를 벗어나고자 끊임없이 시도하기 때문이다. 그러한 것이 내 속에 있는 의지의 작용이다. 나는 하나님의 능력에서 멀어지게 되고, 그렇다면 광야에 있는 이스라엘 백성들에게 일어났던 일이 나 자신에게도 일어나게 된다. 하나님은 이 일을 막고자 무슨 일을 하시는가? 하나님은 자신의 말씀을 보내시고, 믿음에서 떨어지게 만드는 것들을 검출하는 일을 하신다. "하나님의 말씀은 살았고 운동력이 있어 좌우에 날선 어떤 검보다도 예리하여 혼과 영과 및 관절과 골수를 찔러 쪼개기까지 하며 또 마음의 생각과 뜻을 감찰한다."(히 4:12) 말씀은 우리 마음 속에 있는 것이 무엇인지, 곧 믿음의 길에서 벗어나게 하는 것이 무엇인지를 그대로 비추는 빛으로 작용한다. 우리를 위험으로 이끌만한 것이 무엇인지, 이처럼 빛처럼 비추는 말씀의 기능을 통해서 그대로 드러나게 된다(12절). 우리 영혼은 이러한 빛의 작용을 무서워할 필요가 없다. 시편 139편 23절처럼 "하나님이여 나를 살피사 내 마음을 아시며 나를 시험하사 내 뜻을 아옵소서"라고 담대하게 고백할 필요가 있다. 그럼에도 이렇게 할 수 있다는 것은 얼마나 큰 확신이며, 얼마나 놀라운 믿음인지 모른다! 과연 은혜 안에서 그러한 확신을 가진 사람은 복이 있다. 하지만 하나님이 혹 자신의 죄를 드러내시고 정죄하실지 모른다고 생각하는 사람이 과연 "내게 무슨 악한 행위가 있나 보시옵소서"(시 139:24)라고 말할 수 있을까? 하지만 그런 사람도 하나님은 그리스도의 은혜를 통해서 그의 영혼을 다시 살리시고, 구원을 주시는 분으로 아는 순간, 그렇게 담대히 말할 수 있게 될 것이다.

하나님은 악을 검출해내는 일을 하시며, 성도들이 믿음의 길을 걷는 동안 걸려 넘어지는 일을 막고자 신실하게 징계하는 일을 하신다. 하나님은 성도들의 마음 속에 무슨 악이 있는지를 살펴보실 뿐만 아니라, 그들에게서 악을 제거하시고 또 악에 빠지지 않도록 보호하는 일을 하신다. 이 일은 안식을 맛본 사람으로 하여금 계속 전진하게 해준다. 하나님은 자신의 열망이 만족된 것 속으로 우리를 인도하실 때까지, 하나님은 결코 안식하실 수 없다. "하나님은 그렇게 안식을 발견한 사람의 사랑 안에서 안식하신다." 하나님의 사랑은 우리의 열망이 아니라, 하나님의 열망이 충족되신 것 속으로 우리를 인도하실 때까지 안식할 수 없으시다. 우리는 어디서 하나님 사랑의 완전한 한계를 볼 수 있는가? 하나님께서 그 아들을 영화롭게 하는 일을 하셨고, 모든 것을 그 손에 맡기셨으며, 우리를 그 아들이 받은 동일한 복에 들어가게 하신 역사를 통해서 볼 수 있다. 하나님은 자신의 사랑 안에서 우리를 만나주시며, 하나님과 함께 우리를 생명과 영광과 복됨 속으로 들어가게 하셨다. 하나님이 우리를 구속하셨을 때, 하나님은 우리를 시련과 싸움 속으로 넣으셨는데, 이는 우리의 옛 사람으로 하여금 완전히 심판을 받고 또 우리로 하여금 옛 사람의 권세와 역사로부터 해방을 받도록 하신 것이다.

이러한 싸움의 과정을 통해서 우리는 이 광야 같은 세상을 지나는 동안, 우리를 위해 중보하시며 또한 우리를 지키시는 우리 대제사장이신 그리스도의 중보의 능력을 체험한다. "그러므로 우리에게 큰 대제사장이 있으니 승천하신 자 곧 하나님 아들 예수시라 우리가 믿는 도리를 굳게 잡을지어다." (히 4:14)

336
무엇보다 중요한 것은 하나님을 섬기는 위대한 자리에 들어가는 것이다. 그러기 위해선 영혼구속의 역사가 완성되고 해결되었다는 믿음이 요구된다. 즉 우리는 (죄 문제가 해결되었기 때문에) 그리스도 예수 안에서 열납된 사람들이다.

모든 죄를 깨끗하게 지워버린 은혜 덕분에, 아무 죄도 우리에게 전가되지 않는다. 만일 지극히 작은 죄라도 나에게 전가될 수 있다면, 나는 끝장이다. 하나님의 임재 앞에 설 수 있으려면, 하나님과 나 사이에 아무 죄도 끼어 있어선 안된다. 혹 옛 사람을 살피고, 검문검색을 한다 해도, 털끝만큼의 죄 문제가 없어야 한다. 그럴 때 새 사람에게 주신 모든 복을 누릴 수 있다. 이처럼 영광 가운데서 완전해지고, 하나님의 임재 가운데 당당히 들어갈 수 있을 때, 하나님의 안식은 우리의 것이 될 것이다.

제 5장
새로운 상태
A New State

78

나는 로마서와 다른 바울 서신들을 새로이 연구함에 따라, 내가 지금까지 설명해온 관점들에 대해 이전보다 더욱 확신을 가지게 되었다. 즉 영적 해방을 통해서 율법 아래 있는 육신과는 대조되는, 부활 안에 있는 새로운 상태와 새로운 자리에 들어간다는 것이다. 이것은 진실한 것일 뿐만 아니라, 사도 바울이 기독교의 특징으로 내놓은 아주 근본적인 진리다. 우리가 지은 죄들이 대속(代贖)되었고 또 제거되었지만, 그럼에도 모든 사람이 "다 죄(sin) 아래" 있다. 거듭났지만 그럼에도 신자는 죄 가운데 거하며, 전적으로 육신에 속해 있다. 따라서 죽음을 통해서 새로운 상태로 들어가는 것이 필요하다. 이 일은 해방의 은혜를 통해서 "그리스도 안으로" 들어가는 것이다. 우리가 지은 죄들(sins)이 사함을 받았다는 복된 사실 외에도, 그리스도의 순종을 통해서 의(義)가 확립되었다는 사실을 아는 것은 로마서의 중요한 진리이다. 이 의는 물론, 율법과는 대조를 이룬다. 바울은 "율법으로는 죄들(sins)을 깨달음이니라"고 말하지 않고, "죄(sin)를 깨달음이니라"고 말했다. 율법은 죄를 깨닫게 하는 능력으로 양심에 작용한다. "모든 사람이 죄를 범하였다"는 내용은 로마서 3장으로 끝난다. 따라서 3장 12-16절은 특별히 율법 아래서 저지른 범죄들을 다룬다. 4장 7,8절, 그리고 25절에는 죄들(sins)과 죄(sin) 모두를 다룬다. 2장 12절은 3장 23절과 마찬가지로 실제적으로 죄를 짓는 것, 즉 죄를 범하는 것을 다룬다. 그리고 로마서 6장부터는 사망이 적용되며, 바로 죄(sin) 또는 우리 속에 있는 죄성이 6장의 주제를 이룬다.

지금까지 언급한 상세한 부분은 참조사항일 뿐이지만, 사도 바울이 말하고자 하는 바를 잘 보여준다. 이 구절들을 잘 알고 있는 것이 상당히 도움이 된다. 여기에 로마서 6장을 언급하고 싶은데, 로마서 6장은 위대한 진리를 담고 있다는 사실을 기억할 필요가 있다. 우리는 더 이상 율법을 바라보지 말고, 율법을 넘어 두 개의 머리(대표)의 문제를 바라보아야 한다. 즉 대표로서 아담과 그리스도다. 한 사람이 죄의 머리라면, 다른 사람은 의와 생명의 머리다.

갈라디아서 3장 22절을 보자. 즉 모두가 죄 아래 갇혀있다(갈 3:22)는 것이다. 거기서 우리는 "죄"와 대조를 이루고 있는 "의"(롬 5:21)의 힘이 무엇인지를 볼 수 있다.

특별히 로마서에서 말하는 사도 바울의 가르침의 전반적인 골자는, 바로 율법은 육신과 상관관계가 있으며, 따라서 우리는 죄악된 존재일 수밖에 없고, 또한 사망의 사역 아래 있다는 사실이다. 이 사망 상태에서 벗어나는 길은 그리스도 안으로 들어감으로써 해결된다. 즉 우리는 그리스도 안에 있는 생명의 성령의 법에 의해서 새로운 상태 속으로 들어갈 수 있으며, 이것은 우리 육신의 죽음에 의해서만 가능한 일이다. 우리 육신이 죽음을 맞이 함으로써 우리는 생명의 성령의 법을 따라 살 수 있는 새 사람을 입게 되고, 이로써 영적 자유를 누릴 수 있게 되는 것이다. 이 사실이 날마다 나에겐 선명하게 다가온다. 즉 해방은 율법을 지킴으로써 오는 것이 아니라, 육신과는 대조적인 성령의 능력 안에 있는 생명을 소유함으로써 온다.

당신이 거듭난 사람이라면 머지않아 당신 속에 있는 육신의 실체를 확실히 드러내고자 율법이 다가올 것이다. 그렇다면 육신이나 육신의 노력이 아니라, 하나님의 영이 해방의 역사를 가져다주며, 그리스도의 죽음에 연합하는 것이 육신의 강제력을 해체시킨다는 위대한 진리를 배울 필요가 있다. 로마서 8장 전체는 이 진리를 가르친다. 생명의 새로운 능력 - 생명의 능력 안에 있는 하나님의 영이 나를 육신과 육신을 얽어매고 있는 악의 법으로부터 나를 해방시켜주며, 또 다른 실존적인 상태와 새로운 생명 속으로 나를 넣어준다.

생명의 성령의 법을 통해서 해방이 이루어졌다면, 이제 나의 양심은 진실해지며, 하나님의 의(義)가 나의 양심을 유지시키는 일을 하는데, 하나님은 육신 속에 있는 죄(sin)를, 십자가에서 죄를 위한 제사를 통해서 정죄하셨다. 성령과 육신은 완전히 대조적이기에, 율법은 어느 쪽에도 낄 수 없다. 이는 심판이, 우리가 어찌해볼 수 없는 율법이 아니라 육신에 내려졌고, 이제 성령님께서 육신을 대신하시기 때문이다. 이 사실은 로마서 8장 2절과 3절에 있는 "이는(for)"에 대한 이유이다. 영적 해방의 체험이 없다면, 로마서 8장은 매우 어려운 일이 되고 말 것이다. 이로써 로마서 8장의 전반적인 가르침이 선명해진다.

제 6장
기도
Prayer

185

　더욱 단순하게 거룩한 계명과 권면에 따라 행동할수록, 더욱 순종하는 자신을 보게 될 것이다. 왜냐하면 계명과 권면들은 절대적인 하나님의 지혜에 속한 열매들이기 때문이며, 그 하나님의 지혜는 신적인 완전함과 인간의 결핍을 잘 알고 있기 때문이다. 이 모든 것은 그리스도 안에서 충족되었다. 이제 나는 기도의 실제적인 특징에 대해서 몇 마디 하고자 한다.

　기도 응답이란 나에겐, 권능 가운데서 하나님이 역사하신 결과로 보인다. 하나님의 지혜에서 흘러나온 것이 우리 영혼 속에 있는 갈망과 결핍을 충족시켜주는 것이다. 기도는 사랑과 사랑 안에 거하는 삶과 연결되어 있으며, 따라서 기도 자체는 믿음을 통해서 나타나는 확신과도 연결되어 있다. 만일 기도가 단순한 정욕에 의한 것이거나 아니면 정욕을 만족시키기 위한 것이라면 응답되지 않을 것이며(약 4:3), 아니면 징계가 동반된 응답이 올 수도 있다. 그렇다면 기도는 키브롯 하타아바, 즉 정욕의 무덤이 된다. 만일 기도가 성령 안에서 드려지고 또 그것이 진정한 믿음의 기도라면, 그 구한 대로 응답될 것이다. 그렇다면 기도는 영혼의 도덕적 상태와 연결되어 있다. 우선 무언가를 갈망하는 마음이 일어나고, 그 다음으로 하나님의 뜻과 하나님의 생각을 알고자 하는 영적인 지각이 작동되며, 마지막으로 하나님의 사랑이, 그 사랑에 의해서 일어난 감동을 통해서, 진정으로 갈망하는 것이 무엇인지를 알게 하신다. 이러한 영적 역사를 온전히 아셨던 그리스도는 "항상 내 말을 들으시는 줄을 내가 알았나이다"(요 11:42)라고 말씀하시며 기도할 수 있었다. 구속의 역사를 감당하셨던 십자가를 제외하곤, 하나님은 항상 그렇게 그리스도의 기도에 응답하셨다. 하지만 십자가에 달리셨을 때, 하나님께 올려 드렸던 그리스도의 기도를 생각해보자. 그 기도는 거절당한 것처럼 보였다. 하지만 그 십자가 상의 기도는 더욱 영광스러운 응답을 받았다.

우리 생각 속에는 종종 잡다한 것들이 혼합되어 있다. 세상에 사는 동안 육체를 가진 우리를 압박하는 것들이 많이 있다. 그럴 때 우리는 우리 자신을 하나님의 사랑에 더욱 의지할 필요가 있다. 그렇게 하면 비록 응답이 우리가 기대했던 것과 다를 지라도, 우리는 그 사랑 안에서 확실한 만족을 얻곤 한다. 그럼에도 하나님은 기도의 도덕적인 측면을 강조하신다. 그것은 성령께서 역사하시는 부분이다. 비록 긍정적인 기도일지라도, 지혜가 실패하는 기도라면, 응답되지 않을 수 있다. 우리에게 내려오는 기도의 응답은 항상 하나님의 마음을 감동시킨 기도이며, 그 결과 하나님의 지혜가 우리 속에 형성되며, 그 결과 우리의 삶은 사랑 안에서 더욱 거하는 삶으로 나아가게 된다. 따라서 우리의 기도는 점차 실제성을 띠게 되고, 믿음에 의해서 그리스도께서 우리 마음에 거하시는 역사와 즉각적인 연결을 가지게 된다. 주님과의 친밀한 교통을 통해서 우리는 그리스도께서 관심하고 있는 것에 점진적으로 일치하게 되며, 그리스도의 관심이 곧 우리의 관심이 된다. 지극히 거룩하신 하나님의 선하심에 대한 영적인 이해가 더욱 깊어짐에 따라서 영적인 감각이 형성되고, 그에 비례해서 마음의 갈망은 더욱 깊어지는 것을 경험하게 된다. 그럼에도 그 필요를 충족시키는 하나님의 방법에 대한 지각은 아직 형성되지 않을 수가 있다. 이것이 로마서 8장의 경우이다. 마음을 살피시는 이가 성령의 프로네마(생각)를 아신다. 이는 성령님이 하나님의 뜻대로 성도를 위하여 간구하시기 때문이다(롬 8:27).

은혜가 내려오고, 우리가 처한 환경 속에서 은혜가 역사하기 시작한다. 그럴지라도 환경을 바꾸는 역사는 없을 수가 있다. 따라서 여전히 하나님의 뜻에 따른 결핍과 갈망은 사라지지 않는다. 그럼에도 성령님이 함께 계신다.

게다가 "하나님을 사랑하는 자들에게는 모든 것이 합력하여 선을 이룬다."(롬 8:28) 믿음은 하나님의 뜻을 실현시킨다. 따라서 하나님의 뜻을 아는 것 속에는 무엇을 간구해야 할지를 아는 영적 지각이 따라 오며, 그렇게 하나님의 귀와 팔을 의지하는 기도는 항상 응답된다. 은혜가 내려오고 또한 우리로 하여금 그리스도 안에 있는 자리를 차지하게 해주며, 그리스도로 말미암는 믿음에 의해서 이 세상에 있는 사람들과 성도들의 결핍이 충족되고, 하나님의 지혜와 마음을 따라서 하나님의 사랑에 대한 완전한 확신이 일어나고, 그 사랑의 활동에 의해서 기도는 응답된다. 그리고 그리스도 안에 있는 자로서, 그리스도를 주님으로 모신 사람은 이 세상에 계셨던 그리스도께서 온전하셨던 것처럼, 우리도 우리가 이해하고 있는 그리스도의 마음의 크기만큼 온전해진다.

가장 중요한 기도의 원리는, 우리 지혜의 부족을 채우기 위해서 내려온 것은 올라가게 되며, 이렇게 올라간 것은 능력을 통해서 응답된다는 것이다. 이렇게 내려오는 것은 그리스도 안에 있는 은혜의 작용으로 인한 것이기에, 우리를 즉각적으로 하나님의 사랑과 연결시켜주며, 우리는 믿음의 확신을 가지고 이 사랑을 표현하게 된다. 가장 큰 비밀은 하나님이 함께 하는 사람이 되는 것이다. 만일 하나님께서 자신의 마음을 맡길 수 있다면, 그는 선지자이며 그에 걸맞는 행동이 따라오게 된다. 하나님은 하나님의 말씀을 땅에 떨어지지 않게 하신다. 여기에는 일종의 비유가 있다. 하여간 우리가 하나님과 전적으로 일치해서 행할 때, 공식적인 직분은 없을지라도, 선지자들의 경우를 통해서 알 수 있듯이, 공식적으로 선포되는 것은 때때로, 항상 영으로 습관적으로 기도해온 것을 선언하는 것이며, 야고보가 우리에게 교훈한 것처럼 엘리야가 비가 오지 않기를 기도한 것이 그대로 공식적으로 역사 속에서 실현되는 것이다. 따라서 주님은 나사로의 경우를 통해서 친히 보여주셨다. 이 사실은 기도의 자리가 무엇인지를 보여준다. 기도의 자리란 은혜 가운데 거하면서 하나님을 전적으로 의존하는 삶을 살며, 하나님과 친밀한 교제를 나누는 중에 하나님의 관심하시는 것을 알게 되는 자리인 것이다. 물론 어린아이처럼 필요한 모든 것을 아뢸 수 있는 담력이 확대되면서, 하나님을 온전히 신뢰하는 완전한 확신이 생긴다. 왜냐하면 하나님은 우리의 모든 관심과 간구를 자신의 사랑 속으로 가져가셔서, 다시 사랑이란 이름으로 되돌려주시는 분이시기 때문이다.

이 세상을 살아가는 가운데, 사랑 안에서 하나님의 지혜로 행하는 사람은 자연스럽게 하나님의 능력의 나타남을 바라게 된다. 이렇게 되는 것은 단순히 하나님의 지혜가 이렇다는 것이 아니라, 그리스도께서 이 악한 세상을 사셨을 때 친히 체험하셨던 하나님의 지혜인 것이다. 따라서 이미 살펴본 것처럼, 우리가 (하나님을 전적으로 의존하는) 의존적인 사람이 되는 것은 기도의 삶 가운데서 새싹을 내는 것과 같고, 하나님의 뜻대로 구한 기도는 확실히 응답될 것이란 진실이 알려진 곳에는 기도의 응답이란 꽃을 활짝 피우게 된다. 하나님의 능력이 나타나건, 나타나지 않건, 우리 자신의 결핍을 표현하는 것이 하나님의 뜻에 굴복하는 것일 때, 하나님의 사랑을 확신하는 것은 기도의 응답이 더딜지라도 확실히 응답될 것이란 평안으로 나아가게 해준다. "우리가 그의 뜻대로 무엇을 구하고"(요일 5:14), "모든 일에 기도와 간구로 구할 것을 하나님께 아뢰면 모든 지각에 뛰어난 하나님의 평강이 그리스도 예수 안에서 우리 마음과 생각을 지키실 것"(빌 4:6-7)이기 때문이다.

187

앞에서 언급한 선지자들의 경우를 아브라함과 아비멜렉의 이야기에서도 볼 수 있다. 하나님은 "그는 선지자라 그가 너를 위하여 기도하리니 네가 살려니와 네가 돌려보내지 아니하면 너와 네게 속한 자가 다 반드시 죽을 줄 알지니라"(창 20:7)고 말씀하셨다. 이를 통해서 우리는 하나님을 가까이 하는 것이 능력을 준다는 것을 알 수 있다. 뿐만 아니라 능력에 대해서 주님은 이렇게 말씀하셨다. "기도와 금식 외에 다른 것으로는 이런 종류가 나갈 수 없느니라."(막 9:29)

만일 우리가 하나님은 자신이 창조한 세계에서 자유롭게 행하실 수 있다는 점을 인정한다면, 하나님이 기도에 응답하시는 것과 일반적인 자연법칙 사이엔 아무 문제가 없다는 것을 보게 될 것이다. 내가 병든 사람을 방문하는 것이 과연 일반적인 물리법칙을 변개시키는 것일까? 나의 의지는 물리법칙을 따라서 - 물론 그것이 어떻게 작용하는지 잘 모르지만 - 행동하고 싶어 한다. 중력이 작용하고,

나의 근육에 힘이 작용하고, 움직일 때마다 신경계통에는 전기가 통하는데, 그럼에도 기도는 응답된다. 이제 나는 하나님에게 더 큰 권능이 있음을 온전히 인식하게 된다. 왜냐하면 굳이 말할 필요조차 없지만, 하나님은 자신의 법칙을 변개시키지 않고도, 게다가 그렇게 하지 않아도, 적절히 힘을 분산시킴으로써 더 강력한 위액이 분비되게 하시거나 또는 하나님의 뜻 가운데 더 많은 전기를 인체 시스템에 보내심으로써, 전혀 새로운 요소를 발생시키지 않고도 또는 본래 법칙을 깨뜨리지 않고서도 역사하실 수 있으신 분이시기 때문이다. 본래의 법칙들은 여전히 작용한다. 그럼에도 하나님의 뜻이 각 요소마다 개입된다. 하나님은 죽은 사람을 살리시는 등 기적을 일으키기도 하신다. 나는 하나님이 자연법칙을 변개시키면서까지 일으키는 기적을 말하고 있지 않다. 하나님이 자고새를 물에서 수영하도록 만드셨을 때, 하나님은 법칙에 따라서 일하신 것이다. 강한 동풍이 바다에 불어올 때, 동풍이 메뚜기 떼를 몰고 오고 또 우박을 불러오는 것은 기적에 속한 일이다. 하지만 하나님은 특별한 역사를 일으키거나 혹은 일반법칙이 정상적으로 작동하는 가운데서도 특정 요소의 양을 늘리거나 줄이는 방법을 사용하신다. 어쨌든 내가 확신하는 바로는, 하나님은 기도를 들으시고 기도에 응답하신다는 것이다. 인간의 틀 안에서 작용하는 마음의 활동은 참으로 놀라운 일이며, 그에 따라 결과물이 산출되지만, 그럼에도 하나님 자신의 마음은 외적인 환경을 초월해서 작용한다. 나는 이 점에 대해서 아무런 어려움도 느끼지 않는다. 자연을 두르고 있는 것이 자연법칙이라고 할 때, 나는 인정한다. 하지만 하나님을 두르고 있는 것도 자연법칙이라고 하면 나는 인정하지 않는다. 왜냐하면 많은 혹은 대부분의 기도는 자연 보다 우위에 있는 영적인, 또는 초자연적인 것이기 때문이다.

　기도가 하나님의 마음을 바꾸는 것이란 생각은 때때로 진실한 영혼들의 마음을 어렵게 하며, 혼동을 일으킨다. 그러한 생각은 어리석기 짝이 없는 발상이며, 순전히 오해일 뿐이다.

　이제 기도가 우리 영혼에 작용하는 긍정적인 측면을 살펴보자. 기도는, 내가 하나님이 실제적인 역사를 하신다는 것을 믿는 순간, 바로 그 순간부터 작용하기 시작한다. 하나님은 우리에게 자신과 함께 하는 복을 주실 뿐만 아니라, 우리를 하나님의 복이 가지고 있는 또 다른 역사에 동참시킨다. 즉 다른 사람을 축복하는 일에 참여시키는 것이다. 나는 설교하고, 사람들은 영생을 얻는다. 하지만 그것은 전적인 하나님의 역사이지, 나의 노력의 결과가 아니다. 은혜로 가득하신 하나님은 영혼 구원의 일에 전적으로 하나님을 의지하게 하심으로써, 나를 도구로 사용하신 것이다. 이러한 의존적인 태도와 자세는 기도의 역사에 더욱 요구된다. 하나님은 역사하시지만, 설교 보다 더 많이 역사하지는 않으신다. 그럼에도 나는 하나님과의 더욱 직접적이고 친밀함 속으로 들어가, 나의 갈망을 토로하고, 영혼들을 향한 사랑을 표현하고, 그들의 결핍 혹은 교회의 결핍을 호소한다. 그러면 하나님은 설교 가운데 역사하셨던 것처럼 역사하신다. 나는 설교의 때보다 더욱 하나님과 공통적인 부분을 공유하게 되고, 나는 더욱 어려운 상황 속에 도달하게 된다. 거기선 사람들에게 말을 할 수도 없고, 거리상 멀리 떨어져있고, 사탄과 세상의 능력이 개입되어 있고, 내가 다가갈 수 없는 영혼을 덮고 있는 다양한 방해물이 있다. 하나님과의 친밀함이 커질수록, 더욱 하나님과의 공통부분을 공유하게 된다. 비록 하나님을 전적으로 의존하는 상태에 있지만, 설교 때보다 더 넓은 영역에서 영향을 미치게 된다.

188

기도는 우리 영혼이 궁핍함 가운데 있을 때, 심지어 사랑이 우리가 구하는 것을 줄 수 없을 때에도, 그래서 우리가 구한 것을 받지 못할지라도, 우리가 하나님의 얼굴을 구하기만 한다면, 하나님은 우리에게 가까이 오셔서 우리가 토해내는 그 어떠한 심사(心事)라도, 그 어떠한 호소라도 들어주신다는 복된 사실을 전제로 한다.

제 2부
바울과 함께 기도하라

제 7장
에베소서 1장과 3장의 기도
The Prayers in Ephesians 1 and 3

305

에베소서 1장의 기도는 하나님의 목적과 계획을 우리에게 계시해주면서, 그리스도를 영광을 받으신 분으로, 게다가 우리가 그리스도와 함께 기업을 얻게 된 엄청난 사실을 소개하고 있다. 왜냐하면 이러한 하나님의 목적을 따라서 우리를 위하여 일하시는 하나님의 역사하심은 그리스도와의 연합을 통해서 우리가 들어가게 된 우리의 자리가 무엇인지를 밝혀주는 것으로 작용하고 있으며, 우리를 그 속에 들어가게 해준 능력이 모든 이름 위에 뛰어난 것이며, 우리를 하나님과 가장 가까운 자리에, 그리고 그리스도와 같은 자리에 들어가게 해준 지극히 큰 능력이기 때문이다. 하나님의 생각은 얼마나 경이로운 것인가! 그리스도는, (그리스도 자신이 우리에게 주어진 최고의 복이다) 죄 가운데 죽어 있던 우리와 같이 죽었던 한 사람(a Man)으로 소개되고 있다. 하지만 하나님은 그리스도 뿐만 아니라 그리스도 안에 있는 우리를 다시 일으키셨고, 지극히 높은 영광과 신령한 복으로 가득한 자리에 우리를 앉히셨다.

에베소서 3장의 기도는 관계, 즉 우리 주 예수 그리스도의 아버지와의 관계를 기반으로 하고 있다. 바울은 이미 이 이름 아래 모든 족속(family)을 모으신 것을 보았고, 이제는 다른 것을 바라보고 있다. 즉 우리에게 주어진 몫으로서, 우리 **중심에 하나님의 능력을 지닌 사람들이 되게 하는 것**이다. 그래서 하나님이 이 모든 것 가운데 전개되어 있는 하나님의 영광의 풍성하심을 따라 내적으로 성령을 통해서 능력으로 강건하게 해주시길 기도하고 있다. 여기서 우리는 하나님 나라의 기업을 이을 후사로 소개되고 있지는 않지만, 내적으로 중심에 능력을 갖춘 사람들로, 주변에 있는 모든 것을 장악하는 장악력을 갖춘 사람들로 소개되고 있다. 그것은 그리스도께서 우리의 믿음을 통해서 우리 마음에 거하시는 것으로 된다. 사실 그리스도께서 이 모든 것의 중심이시다. 중요한 것은 이것이 우리 입술에만 있는 것이 아니라, 우리 마음에, 우리의 실제 삶에 실제적으로 이루어져야 한다는 것이다. 믿음만이 우리 마음에 그리스도께서 거하시는 일을 가능케 해준다. 그리스도께서 우리 마음에 거하시는 일은 우리를 그 본질상 신적인 것의 중심에, 즉 사랑 가운데 뿌리를 내리게 해준다. 우리는 사랑 가운데서 뿌리가 박히고 터가 굳어진 사람들이지만, 진정 그렇다면 우리에게서 하나님 자신의 어떠함이 흘러나올 것이다. 따라서 하나님이 자신을 나타내시는 모든 것을 이해할 수 있는 도덕적인 능력이 동반도어 나타난다. 이는 하나님 안에 거함으로써 우리는 하나님이 나타내시는 것을 이해할 수 있기 때문이다. "사랑 안에 거하는 자는 하나님 안에 거하고 하나님도 그의 안에 거하시기"(요일 4:16) 때문이다. 따라서 영혼은 모든 방향으로 볼 수 있게 된다. 여기서 모든 방향이란 하나님의 영광이 나타나는 모든 방향을 가리킨다. 영광 자체만으로도 휘황찬란하다. 하지만 우리 마음은 경배하는 마음으로 뜨거워지기도 하고 또 어떤 의미에선 냉담해질 수 있다. 그렇다면 친밀한 감정이 부족할 수도 있다. 여기서 사도 바울은 결과적으로 성령님에게서 그리스도에게로 다시 돌아가면서 "그리스도의 사랑을 알아"(17절)라고 말한다. 우리는 그리스도의 사랑이 가진 그 친밀한 정도와 그 깊이를 알아야 한다. 그리스도의 사랑은 지식을 초월한다. 왜냐하면 그 사랑은 신성하기 때문이다. 따라서 우리는 그리스도의 사랑을 묵상하는 가운데 그 넓이와 길이와 높이와 깊이가 어떠함을 깨달은 것에 비례해서 하나님의 충만한 정도까지 충만해지는 것을 경험한다. 장차 "하나님의 영광이 비치고 어린 양이 그 등불이"(계 21:23) 되실 것이다. 우리는 그리스도께서 입으신 거룩한 영광이 비치는 영역에 들어왔고, 그리스도는 믿음으로 말미암아 우리 마음에 거하시기에, 그것이 성령을 통해서 우리의 힘과 능력으로 나타나게 된다. 이 사실이 우리를 사랑 가운데서 그 중심에 있게 해주는데, 그 사랑은 그리스도의 친애하는 친밀함 속에 있는 사랑이다. 우리는 신적인 본성의 충만함 속에 있으며, 우리는 그 사랑 안에 있다. 우리는 그 사랑이 지식을 초월하는 것임을 알고 있다.

306

따라서 "하나님께 영광이 대대로 영원무궁 한 것"은 "우리 가운데서 역사하시는 능력대로" 모든 세대를 통해서 교회 안에서 되는 일이다(엡 3:20,21). 이러한 것이 그 실제적인 결말이다. 이것을 생각해볼 때, 우리가 들어간 자리는 얼마나 놀라운 것인가!

에베소서 3장의 경이로운 기도를 보면서, 나는 이전보다 더 놀라운 질서가 있음을 보게 되었다. "우리 주 예수 그리스도의 아버지"의 이름 아래, 모든 부류의 사람들이 "하늘과 땅에 있는 각 족속(가족)"을 형성하고 있다. 이것은 에베소서 1장에 있는 부르심과 기업을 연결하고 있는 우리의 자리에 대한 지식과 죽은 자 가운데서 다시 살아나심으로써 하나님의 보좌에 앉으신 그리스도를 통해서 우리를 그 자리에 들어가게 해준 능력과 연결되어 있는 것이 아니라, (이 얼마나 놀라운 승천의 역사인가!) 아버지의 이름 아래 하나님의 영광이 펼쳐지는 전체 영역, 그리스도께서 그 중심점에 있는 것과 연결되어 있다. 각자가 자신의 자리를 잡은 것은 그리스도의 아버지 아래서 된 일이다. 그렇다면 우리의 기도는 하나님의 영광의 풍성함을 따라서 온 우주 가운데서 하나님의 영광이 나타나고, 우리는 성령에 의해서 속사람이 능력으로 강건하게 됨으로써 그 전체 전망을 볼 수 있게 해달라는 것이어야 한다. 그럼에도 이 일은 믿음에 의해서 우리 마음에 그리스도께서 거하시게 함으로써 된다. 성도들을 온전히 사랑하시는 그리스도께서 이 모든 영광의 중심이시다. 우리 마음을 모든 영광으로 충만하게 하시는 그리스도를 마음에 모시면, 우리는 이 모든 것을 이해하게 되고, 이 일은 사랑을 따라서 이루어질 것이며, (그리스도께서 우리를 향한 그 사랑의 표현이시자 능력이시다.) 그리스도께서 우리 속에 거하심으로써 우리는 그 사랑 안에 뿌리가 박히고 터가 굳어지게 된다.

따라서 본성상 하나님에게 속한 것으로 충만해지고, 또 하나님의 지혜를 이해하게 되면 우리는 능히 모든 성도와 함께, 즉 우리 마음에 그리스도께서 거하시게 하는 일이 다음과 같은 역사와 분리될 수 없다는 것을 깨닫게 된다. 즉 하나님의 영광의 나타남과 그 영광이 나타나는 전체 영역, 그리고 그리스도의 사랑의 너비와 길이와 높이와 깊이가 어떠함을 깨닫는 일과 또 그리스도께서 우리 안에 내주하시는 일은 함께 간다는 것이다. 우리는 지식을 초월하는 그 사랑을 알게 되고, 따라서 하나님의 영광의 나타남과 그 전체 영역과 또한 지식을 초월하는 그리스도의 사랑을 이해하게 되면, 하나님의 충만하신 것이 나타나게 되고, 또 흘러넘치는 것을 경험하게 된다. 그렇다면 우리는 하나님의 모든 충만 속으로 빠져들게 되며, 더욱 하나님의 충만으로 충만하게 된다.

세 개의 동심원을 상상해보라. 우리는 16,17절에서 가장 중심을 차지하고 있는 내적인 역량을 보게 되고, 18절에서 중간 부분의 영역과 나타남을 보게 되며, 19절에서 우리는 하나님의 모든 충만이 나타나는 영역을 볼 수 있다. 사도 바울은 우리 속에서 역사하는 하나님의 능력을 따라서 이와 동일한 능력을 갈망했으며, 그 효력이 모든 세대를 통해서, 교회 안에서 하나님께 영광이 돌려지는 것으로 나타나기를 바랐다.

307

앞서 설명한 특징들은 그리스도의 측량할 수 없는 부요하심과 연결되어 있으며, 게다가 삽입구처럼 에베소서 3장 2-21절에서 보다 자세히 소개되고 있다.

에베소서 3장에서 주목할 것은 18절이 앞서 설명한 것을 도덕성의 측면에서 다시 시작하고 있다는 점이다. 이는 이제 너희가 뿌리가 박히고 터가 굳어져야 한다는 것이 아니라, 이미 "너희가 사랑 가운데서 뿌리가 박히고 터가 굳어진" 상태에 있다는 것이다. 이것은 영혼 속에 이미 이루어진 일을 진술하는 것이다. 나는 18절이 앞서 16,17절에서 말한 것이 영혼 속에서 이루어진다면, 그러한 영혼 속에 나타나는 효력이 무엇인지, 그처럼 속사람이 강건하게 되고 그리스도께서 거하시게 될 때 나타나는 실제적인 효력이 무엇인지를 바울은 어떻게 생각하고 있었는지를 설명하고 있다고 생각한다.

에베소서 3장에 있는 기도와 비밀(the mystery)이 서로 연결되어 있다는 점은 충격적이다. 하나님은 그리스도를 만물, 곧 하늘과 땅에 있는 것들의 중심과 머리로 정하셨지만, 교회는 그리스도와 연결되어 중간에 있다. 성령에 의해서 능력으로 강건하게 되면, 그리스도는 믿음에 의해서 우리 마음에 거하시게 된다. 성령에 의한 영적인 지각을 통해서 그 비밀의 중심이신 그리스도께서 우리 마음에 거하시게 될 때, 우리는 모든 비밀을 이해하게 된다. 만물의 중심, 전체 계획의 핵심을 이루는 요소는, 사랑(Love)이며, 또한 사랑이신 하나님이시다. 믿음으로 우리 마음에 거하시는 그리스도를 통해서 우리는 사랑 안에 뿌리가 박히고 터가 굳어지게 되며, 따라서 원천, 곧 원동력의 중심에 닿게 되었기에 이로써 모든 것을 이해할 수 있게 된다. 그리스도께서 하나님의 목적의 중심이신 것을 이해하게 되며, 그리스도만이 우리에게 사랑을 가져올 수 있다는 것을 깨닫게 된다. 왜냐하면 그리스도께서 그 사랑의 나타남이자 능력이시기 때문이다. 만일 그 사랑이 그리스도의 사랑이고 또한 하나님의 사랑이라면, 나는 모든 성도들과 연합을 이루어야 한다. 왜냐하면 성도들과의 연합이야말로 사랑이 형성하는 첫 번째 동심원이며, 이 사랑을 가슴에 품게 되면 친밀함과 끌림이 일어나기 때문이다. 그렇다면 나는 이 사랑의 전체 크기, 즉 그 너비와 길이와 높이와 깊이가 어떠함을 깨닫고 싶어지고, 이를 통해서 사랑의 하나님은 영광을 받으시기 때문이다. 이렇게 할 때, 이 일은 나를 그 사랑의 영역 안으로 깊이 들어가게 해주고, 나의 영혼은 그 중심 속으로 더욱 깊이 들어가고자 갈망하게 되며, 더 친밀한 것을 갈구하게 된다. 광대한 사랑의 장면이 펼쳐지고, 나의 영혼은 그 광대함 속에 머물면서, 그것이 그리스도의 사랑인 것을 알게 된다. 그리스도는 우리 영혼 속에 다정하고, 친밀한 분으로 알려지게 되고, 그러한 분이 은혜를 인해 우리의 주님이신 것을 알게 되면서 감동을 받는다. 이러한 것이 지식을 초월하는, 무한한 사랑이다. 따라서 사랑의 목적과 본질,

그리고 사랑의 완벽한 계시를 통해서, 우리는 하나님의 충만하신 것으로 충만하게 된다. 믿음에 의해서 우리 마음에 거하시는 그리스도, 만물의 중심이신 그리스도는 우리를 이 모든 것 가운데서 영적 총명과 영적 교통 속으로 더 깊이 이끌어 들이신다.

이제 주목할 것은, 이러한 역사가 에베소서 4장 6절에 보면 추상적인 방법이지만, 한 분 하나님, 만유의 아버지께, 그리고 9,10절에 보면 구속의 능력이신 그리스도께 돌려지고 있다는 점이다.

에베소서 4장에 기록된 권면들은 에베소서 2장의 끝부분에 이어서 특별히 전개되고 있다. 자연스럽게 교회가 가진 책임의 측면이 부각되고 있는데, 그렇다고 해서 4절이나 7절부터 설명하고 있는 것처럼 다른 측면이 없는 것은 아니다. "믿음으로 말미암아 그리스도께서 마음에 계시게 하는 것"은 에베소서 3장에서 다양한 특징을 가지고 있는 그 자체 진리의 확장 측면에서 뿐만 아니라 다른 성격의 진리도 내포한 채 소개되고 있고, 골로새서에서는 좀 더 신비적인 측면에서 이 진리를 소개하고 있다. 따라서 우리는 그 핵심에서 모든 방향으로 퍼져나가는 특징을 지닌 이 진리를 모든 측면에서 취할 수 있다. 그 결과 이 진리를 통해서 교회 안에서 하나님을 영광스럽게 해드릴 수 있는 능력을 얻게 된다. 이 일은 자연스럽게 사도로 하여금 지금 이 진리를 취하라는 권면으로 돌아오게끔 해주었다. 에베소서 2장 21,22절에서 우리는 이 진리를 영광스럽게 할 수 있는 자리로서, 또는 그 자리에 들어가 있는 교회를 보게 된다. 에베소서 3장 20,21절에서 우리는 교회를 충만하게 해주는 능력을 보고, 그리고 나서 권면이 따라 나오는 것을 볼 수 있다.

308

에베소서 4장 15절, "오직 사랑 안에서 진리를 말하여 범사에 그에게까지 자랄지라 그는 머리니 곧 그리스도라"에 보면 그리스도에게까지 이르게 해주는 이 능력이 어떻게 성도들에게서 나타나는지를 볼 수 있다. 요한복음은 "은혜와 진리는 예수 그리스도로 말미암아 온 것이라"(요 1:17)고 말했다. 반면 이 구절은 "오직 사랑 안에서 진리를 말하라"고 되어 있다. 이것은 바울 서신의 "진리와 함께, 진리 안에서(in the truth)"(고전 13:6)와 요한복음에 있는 "진정으로, 진리로(in truth)"(요 4:23,24)가 서로 연결되어 있음을 확증해준다. 마음 속 내면에 진리와 하나님의 말씀이 없다면 참된 것이란 존재하지 않는다. 하나님의 말씀은 우리 "마음의 뜻과 생각을 간파할"(히 4:12) 뿐만 아니라, 그리스도의 마음과 진리에 속한 모든 것을 계시해주며 또한 우리 마음 속에 거하게 해준다. 따라서 "진리가 예수 안에 있는 것처럼"(엡 4:21), 우리는 옛 사람을 벗어버리고 또한 우리를 창조하신 이의 형상을 따라 지식에까지 새롭게 하심을 입은 자 곧 새 사람을 입어야 한다.

에베소서 4장에서 주목할 것이 더 있다. 우리는 12-16절에서 두 부분을 볼 수 있다. 첫 번째는 13-15절에 있고, 두 번째는 16절에 있다. 몸 안에 중간 부분은 없다. 이는 각 마디를 통해서 공급이 이루어지는 것이 사역의 일이고, 이러한 연결은 조정을 통해서 이루어진다. 13-15절의 핵심은 15절의 "~에게까지(eis)"에 있고, 사역은 "이는(pros)"이라는 세 개의 전치사를 통해서 몸을 세우는 것과 연결되어 있다. 16절에도 "eis"가 있다. ("사랑 안에서 스스로 세우는 데까지 이르게 하느니라.") 그렇다면 이것은 사역의 일이 무엇인지를 우리에게 보여준다. 정해진 방식으로 사역의 일에 사용되는 영구적인 은사들이 있지만, 각 마디의 공급을 통해서 이루어지는 사역도 있다. 몸은 각 마디를 통하여 도움을 받음으로 연결되고 결합되어 각 지체의 분량대로 역사함으로써 스스로 자라게 된다. 이를 통해서 (교회에 주어진 영구적인 은사자들로서) 사역자들이 배출되고, 각 마디를 통한 공급에 의해서 몸이 덕세움을 받게 되고, 각 지체들은 자신의 자리를 잡게 된다. "그가 위로 올라가실 때에 … 사람들에게 선물을 주셨다."(엡 4:8) 이로써 각 개인들에게 자리가 주어진다. 어떤 사람들은 몸의 형성 이전에 사역에 참여한다. 그들 모두는 그리스도에게서 직접적으로 보내심을 받으며, 그리스도만을 전적으로 의지한다. 뿐만 아니라 이를 통해서, 하나의 몸이 있으며, 각 부분 속에서 일하시는 성령의 역사를 통해서 몸이 자라게 되다. 목자(pastor)는 그리스도께 직접적인 책임을 지는 자신만의 사역을 가지고 있지만, 이제 그리스도의 몸을 세우는 사역 안에서 자신의 자리를 잡게 된다.

309

에베소서 4장에 소개된 세 가지 분량과 원칙에는 그리스도의 충만한 장성한 분량, 하나님을 따라 새로이 창조된 새 사람, 그리고 성령을 근심케 하지 않는 것이 있다. 그리고 나서 일반적이지만 경이로운 규범, 경이로우면서도 복된 규례가 주어진다. "사랑을 받은 자녀같이 너희는 하나님을 본받는 자가 되라"(엡 5:1)는 것이다. 이를 통해서 우리는 세상에서 거룩한 행실을 표현하는 가장 완벽한 표현을 보게 된다. 사랑을 받는 자녀의 정서를 가슴에 품고서 하나님을 따르라는 것이다. 이는 사랑 가운데서 행함으로 된다. 이렇게 사랑 가운데 행하는 일은 그 자체로 완벽하고, 신성한 원리일 뿐만 아니라 다른 사람들에게 사랑을 실천하는 것으로 나타나야 한다. 그 다음으로 절대적이고 완벽한 본으로서 그리스도께서 자신을 드리신 것이 소개되어 있다. 사랑도 있고, 다른 사람들을 향한 완벽한 사랑도 있지만, 여전히 하나님 자신이 우리 앞에 목표로 제시되어 있다. 그리스도는 자신을 버리사 향기로운 제물과 희생제물로 하나님께 드리셨다. 따라서 향기로운 향이 있다. 다른 사람들은 향기로운 향을 맡을 터이지만, 이는 누군가 모든 것을 하나님께 불살라드린 결과이다. 이러한 것이 바로 그리스도의 완전함이었다.

성도는 성령을 근심하게 해서는 안된다. 이것은 주관적인 상태와 행실을 언급하는 것이다. 성도들이 (그리스도의 본을 통하여) 객관적인 사랑과 빛의 분량을 가지고 있다면, 그것으로 충만해질 필요가 있다. 이를 통해서 우리는 맑은 정신을 유지하게 된다. 15-17절은 우리의 정신이 맑을 때 일어나는 일이다. 18-19절은 그렇지 않을 때 일어나는 일이다. 자기 의지가 제거되었을 뿐만 아니라 하나님의 선하심을 존중하는 사람은 항상 범사에 감사하게 된다.

　게다가 우리는 빛이다. 이 말은 우리가 신성한 이름을 가지고 있고, 신의 성품에 참여한 자가 되었다는 뜻이다. 반면 성경을 보면, 우리가 사랑이란 말은 없다. 왜냐하면 사랑은 그 본질적인 속성상 최고의 선을 의미하기 때문이다. 이제 우리는 사랑할 수 있다. 왜냐하면 우리가 사랑에 참여하였기 때문이다. 빛은 본질적으로 순결을 품고 있으며, 밖을 향해 비춘다. 사랑은, 아버지께서 아들을 사랑하시는 것을 제외하면, 필연적으로 밖으로 표출되지 않을 수 있다. 표출되지 않는다고 해서 사랑이 아닌 것은 아니다. 사랑이 밖으로 표출될 때에는 그 자체만으로도 기뻐할만 하다. 사랑은 주권적이며, 우리는 그렇지 않다고 말할 수 없다. 반면 빛은 항상 그 자신을 드러내며, 다른 것들을 비춘다. 빛은 필수적인 것이긴 해도, 사랑만큼 절실하지는 않다.

310
　이외에도, 예를 들자면 에베소서 5장 25절 이하에 나타난 것처럼 순서를 주목할 필요가 있다. 이것은 새로운 측면이다. 순서상 그리스도의 첫 번째 행동은 자신에 대해 기록하는 것이다. 그리스도는 교회를 사랑하셨고, 그 교회를 위하여 자신을 주셨다. 이것은 그리스도 자신에 대한 요약이긴 하지만, 또한 그리스도의 모든 것을 포괄하고 있다. 이것은 매우 합당한 요약이다. 첫 번째는 그리스도에 대한 것이어야 하고, 그리스도의 신성에 관한 것이어야 한다. 그것은 거룩한 역사였고, 따라서 그리스도를 통해서 절대적으로 완결된 역사였다. 그렇게 사랑은 완성되었다. 그리스도는 자신을 주심으로써 사랑을 완성하신 것이다. 아무 것도 유보한 것이 없었다. 그것은 그저 무언가를 선물로 주는 것이 아니었다. 오히려 자신을, 즉 자신의 전부를 선물로 내어놓은 것이었다. 그렇게 한 것은 사랑이었고, 사랑의 역사였다. 우리는 이 사실을 기억하고 있어야 한다. 그 사랑은 구체적인 목표가 있었고, 때문에 그 사실은 우리에게 매우 보배로운 일이 된다. 게다가 이 일은 신성한 위격을 가지고 계신 분이 사람이 되는 일을 전제로 하고 있었다. 그렇게 그리스도는 교회를 사랑하셨고, 교회를 위하여 사람이셨던 그리스도는 자신을 내어주셨으며, 비록 선물로 내어주긴 했어도, 내어주신 것은 신성한 위격을 가지신 자신이었다. 이제 내가 주목하는 것은, (그리스도의 사역의 공로가 가진 그 어떠한 측면을 우리에게 적용하기 이전에 우리가 우선적으로 주목해야 하는 것은) 그리스도께서 친히 사역을 이루셨다는 것이며, 자신의 행동과 역사로 완성하셨다는 것이다. 이는 그리스도의 신성한 위격의 영광과 완전성에 합당한 것이었다.

에베소서 4장에서 또 주목해야 하는 것은, 가장 완벽하고 헌신된 사랑이 어떻게 복되고, 완벽하고, 신성하고, 도덕적 탁월함으로 실천되고 실행되었는가에 대한 것이다. 그리스도는 자신을 주셨다. 그것은 완전한 사랑이다. 왜냐하면 사실 교회는 이 세상에 함몰되어 있었기 때문이다. 그리스도는 교회를 영광스러운 교회로 자기 앞에 세우실 것이다. 거기에 그리스도의 사랑의 완전성과 교회의 기쁨이 있다. 교회가 기쁨에 이르기 위해선, 도덕적으로 신성에 이를 필요가 있다. 즉 물로 씻어 말씀으로 성화시키고 정결하게 하는 역사가 일어나야 한다. 신성에 속한 완전성은, 모든 육신에 속한 것과 모든 악한 것을 판단하고, 드러내고, 깨끗하게 하여 모든 선한 것으로 바꾸어주는, 그래서 도덕적으로 영향을 미치는 것으로 작용되어야 한다. 따라서 우리는 그 사랑을 흠모하고 신뢰하는데 필요한 것들을 취할 필요가 있지만, 동시에 하나님의 성품을 필수적인 것으로 바라보고 갈망할 필요가 있다. 자신을 내어주신 사랑을 통한 구속이 먼저 소개되었다. 그리스도는 그 완전한 은혜를 통해서 자신의 것이 된 교회를, 그 마음에 온전히 합하는 정도까지 정결하게 하는 일을 하신다.

에베소서 4장과 5장에는 흥미로운 요소가 한 가지 더 있다. 아내들에 대한 교훈을 말하면서, 하나님과의 관계를 언급하고 있다는 점이다. 그래서 그리스도는 자신을, 우리를 위해서 하나님께 드리셨다. 우리는 하나님과의 관계를 통해서 내적 동기의 순수성을 가지고 있으며, 이것은 사역의 성격을 결정하는 것으로 작용한다. 우리 자신을 온전하게 할 뿐만 아니라, 다른 사람을 위한 희생도 요구한다. 에베소서 5장에 나타난 교회에 대한 그리스도의 사랑을 볼 때, 이것은 사랑의 관계이다. 그리스도는 사랑 안에서 자신을 내어주셨다. 그리스도는 자신을 교회를 위해서 내어주셨지만, 자신의 행동의 완전성 가운데서 그 사랑을 완성하셨고, 교회를 자기 앞에 세우셨다. 교회의 자리는 참으로 아름답고도 완전하다. 성경은 얼마나 완벽한가! 그리스도는 교회를, 자기 앞에 티나 주름잡힌 것이나 이런 것들이 없이 거룩하고 흠이 없는 "영광스러운 교회"로 세우실 것이다.

나는 "만물 안에서 만물을 충만케 하시는 이의 충만함"(엡 1:23)이 단순히 신성에 대한 언급이 아니라, 구속을 이루신 그리스도에 대한 언급이라고 생각해왔다. 에베소서 4장 10절은 이렇게 생각할 수 있는 근거를 제공해준다. 그리스도께서 땅 아래 낮은 곳으로 내리셨다가 지금은 모든 하늘들 보다 더 높은 곳에 오르신 것은 구속의 완성을 의미하기 때문이다.

311
에베소서 6장의 전신갑주에 대한 부분은 여기서 다룰 수 없을 것 같다. 우리는 전신갑주 속에 주관적인 부분, 객관적인 부분, 실제적인 부분, 그리고 전적 의존에 대한 교훈을 볼 수 있다.

제 8장
에베소서 1장과 3장의 기도 비교
The Prayer in Ephesians 3
 compared with that in Ephesians 1

179

에베소서 1장에서 우리는 그리스도 안에 있는 우리의 신분(our standing)을 볼 수 있다. 이 사실이 약화되어서는 안된다. 하나님 앞에서 그리스도 안에 있는 우리의 자리를 떠나서는 안된다. 거기서 내가 알게 되는 사실은, 옛 사람으로서 과거의 나에게 속했던 모든 것은, 믿음에 의해서 지나갔다는 것이다. 나는 내가 죽은 자이며, 또한 나의 생명이 그리스도와 함께 하나님 앞에 감추어져있다는 것을 본다. 육신 안에는 선한 것이 없으며, 죄, 의지, 정욕 밖에는 없다. 그러한 것들이 나를 하나님에게서 멀어지게 했다. 하지만 나는 하나님의 증거를 믿으며, 그리스도께서 죽으셨고 또한 그 죽음은 내가 지은 죄들을 위한 것(for sins)일 뿐만 아니라 죄에 대하여도(to sin) 죽으신 것이며, 총체적인 악이 끝장이 났다는 것을 보고 있다.

그 다음 단계는 옛 사람으로서 나는 종말을 고했으며, 이제 그리스도께서 내 안에 새 사람이 되셨고, 나는 그리스도 안에 있는 자로서 하나님의 임재 속으로 들어온 자가 되었고, 옛 것은 다 지나간 존재로 여길 수 있게 되었다는 것이다. 이것이 바로 하나님 앞에 있는 나의 자리(place)와 나의 신분(standing)이다. 죄가 제거되었고, 하나님 앞에 있는 나의 지위(position)는 이 일의 결과로 주어졌다.

이것만이 아니다. 왜냐하면 나는 나 자신을 그리스도 안에 있는 자로 알고 있을 뿐만 아니라 그리스도께서 너 안에 계신다는 것을 알고 있기 때문이다. 이 두 가지는 분리될 순 없지만, 사실 별개의 사안이다. 하나는 나의 신분을 표현하고, 다른 하나는 나의 상태를 표현한다. 주님은 세상을 떠나시기 전에 친히 말씀하셨다. "그 날에는 내가 아버지 안에, 너희가 내 안에, 내가 너희 안에 있는 것을 너희가 알리라."(요 14:20) 그리스도는 나를 그리스도의 신분(the standing) 속으로 들어가게 하셨다. 우리는 이것을 에베소서 1,2장을 통해서 볼 수 있다. 그리스도는 죽음 가운데 누어 계셨지만 지금은 다시 살아나신 분으로 소개되고 있으며, 우리도 함께 일으킴을 받았고 또한 그리스도 예수 안에서 함께 하늘에 앉아 있다. 우리는 이미 하늘 처소에 들어왔다. 그러한 것이 에베소서 1장 17절에서 말하고 있는 "우리 주 예수 그리스도의 하나님"과 연결되어 있는 우리의 지위(position)다. 이제 에베소서 3장 14-15절에서는 "우리 주 예수 그리스도의 아버지"가 있다. 다시 1장에 보면 우리로 "그의 은혜의 영광을 찬송하게 하려는 것"(6절)을 말하고 있고, 반면 3장에 보면 "그의 영광의 풍성함을"(16절) 따라서 기도하는 것을 볼 수 있다. 에베소서 1장에서 하나님은 영광의 아버지로 불린다. 그리고 우리의 신분은 이미 확립된 것으로 언급되고 있다. 하지만 우리는 에베소서 3장에서 그 보다 더 진보된 것, 즉 "그의 영광의 풍성함을 따라 그의 성령으로 말미암아 너희 속사람을 능력으로 강건하게" (16절) 해달라는 간구를 볼 수 있다. 이것은 신분이 아니라 상태에 대한 것이다. 우리는 하나님께 우리를 죽은 자 가운데서 일으켜달라고 기도할 필요가 없다. 그것은 이미 이루어진 일이고, 그것이 바로 나의 신분이다. 하지만 여기 3장에서 사도 바울은 앞으로 이루어질 것을 기도로 구하고 있다. 하나님 영광의 풍성을 따라서 우리는 "그의 성령으로 말미암아 능력으로 강건하게" 될 필요가 있다. 영혼의 상태는 자신이 들어가 있는 자리에 대한 반영이다. 따라서 "믿음으로 말미암아 그리스도께서 너희 마음에 계시게 하시옵고 너희가 사랑 가운데서 뿌리가 박히고 터가 굳어져서 능히 모든 성도와 함께 지식에 넘치는 그리스도의 사랑을 알고 그 너비와 길이와 높이와 깊이가 어떠함을 깨달아 하나님의 모든 충만하신 것으로 너희에게 충만하게 하시기를 구하노라"(엡 3:17-19)는 기도가 드려지고 있다.

180

그리스도께서 내 안에 계시며, 나는 그리스도 안에 있음을 알고 있다. 하지만 내 영혼이 그리스도를 기뻐하는 의식이 없다면 나의 영혼은 만족할 수가 없다. "그리스도께서 너희 마음에 계시게 하시옵고"는 신분에 대한 것이 아니라 상태에 대한 기도이며, 신분에 합당한 상태를 위한 기도이다. 우리가 조심하고 또 경계해야 하는 것은 신분에 대한 진리가 흔들리지 않도록 하는 것이며, 신분과 상태를 혼동하지 않는 것이다.

따라서 만일 당신이 아버지와 아들과 함께 하는 사귐을 누리고 있다고 말한다면, 나는 '그래요. 어디 그 실체를 한번 봅시다'라고 말할 것이다. 이렇게 말하면, 대부분의 사람들은 어리둥절해하며, 나의 말을 그저 웃어넘기려고만 한다. 이런 식으로 대화가 진행된다면, 나는 내가 어리석은 사람과의 대화를 나누고 있다는 자괴감이 들지 않을 수 없다. 따라서 이렇게 생각하는 것은 신분을 그저 상태에 적용시키는 일이 되는 것이다. 우리의 신분과 상태가 일치하지 않은 상태에 있다면, 여기엔 그리스도의 변호의 필요성이 대두되는데, 왜냐하면 그리스도의 중보는 신분의 완전성과 상태를 서로 연결하는 역할을 하기 때문이다. 과연 나는 그리스도 안에 있는 것보다 더 나은 자리와 신분을 얻을 수 있을까? 나는 그리스도께서 의로우신 것만큼 의롭다. 나의 모든 죄들은 다 제거되었다. 이제는 어떠한가? 나는 하나님이 빛 가운데 계신 것처럼 그 빛 가운데로 들어왔다. 하지만 당신은 죄를 지었는가? 아! 그렇다. 죄를 지었다면, 과연 나는 빛 가운데 있는 것인가? 그렇지 않다. 그렇다면 당신은 나를 다시 율법 아래 넣고자 할 것이다. 그럴 수 없다! 나는 당신에게 이 사실을 소개해주고 싶다. 즉 당신에게는 아버지와 함께 하시는 변호인이 필요한데, 곧 의로우신 예수 그리스도시다(요일 2:1).

영혼의 상태(The condition of the soul)는 신분이 아니라 현재적인 은혜, 즉 하나님의 은혜를 얼마나 받아 누리는가에 따라 결정된다.

만일 어떤 사람이 '나는 그리스도 안에 있으며, 그 사실만으로 나는 만족합니다' 라고 말한다면, 이것은 참으로 두려운 일이 아닐 수 없다. 사실상 그 사람은 그리스도 안에 있는 사람이 아니다. 교리적으로 본다면, 그는 충분히 옳다. 하지만 만일 그가 실제적으로 그리스도 안에 있는 사람일진대, 만일 하나님과의 교통이 없다면 그는 결코 영혼 속에 만족이 있을 수 없다. "지식은 교만하게 한다."(고전 8:1) 그가 정말 빛 가운데 있는 사람이라면 그리스도 안에서의 자리 뿐만 아니라 아버지와 아들과 함께 하는 사귐도 귀하게 여길 것이다. 사귐(교통)은 진정 빛 가운데 있는 사람, 즉 그리스도 안에 있는 사람에게서 나타나는 정상적인 모습이기 때문이다. 교통이 일어나는 방식은 이렇다. 바른 상태에 있는 영혼의 본질은 하나님을 절대적으로 의존하는 의존상태에 들어가는 것이다. 오늘날 사람들은 우리가 그리스도 안에서 충만하여졌다는 사실을 강조하면서, 하나님을 의지하는 일에선 독립하고자 한다. 두 가지 사안이 의존이란 말에 내포되어 있다. 첫째, 하나님 없이 우리는 아무 것도 할 수 없다는 의식이다. 두 번째, 하나님이 "우리를 위하신다"는 의식이다. 따라서 정리하자면 이렇다. 하나님 없이 우리는 아무 것도 할 수 없다는 무능력을 의식하는 동시에, 우리를 위하시는 하나님의 사랑과 능력을 의지하면서 절대적인 확신을 가지는 것이다.

181

이 때문에 우리는, 성경이 개인들에게 말하고 있는 자비를 끊임없이 구해야 한다. 교회에 서신을 쓸 때에는 은혜만이 언급되고 있지만 개인에게 편지를 쓸 때에는 긍휼(자비)을 빌어주는 인사말이 꼭 등장한다. 오직 유다서에서만 "긍휼과 평강과 사랑이 너희에게 더욱 많을 지어다"라는 표현을 볼 수 있다. 그리고 21절에 보면 "영생에 이르도록 우리 주 예수 그리스도의 긍휼(자비)을 기다리라"는 표현이 나오는데, 이는 기독교계의 일탈이 시작되었고, 상황이 갑자기 악화되면서 심판을 향해 나아가게 되었기 때문이다. 따라서 우리는 성도들로 하여금 스스로 "하나님의 사랑 안에서 자신을 지키라"는 권면을 보게 된다. 이것은 다시 언급되고 있는데, 이는 그리스도인의 신앙이 이미 하락했고, 상황이 더욱 악화되고 있으며, 이러한 때에 더욱 개인적인 신앙관리가 필요해진 것을 보여주고 있다. 내가 이러한 것을 처음 보게 된 순간, 나는 더 많은 빛을 보게 되었고, 점차적으로 나의 눈은 보다 선명하게 볼 수 있었다. 그리스도께서 빛이시다. 따라서 내가 그리스도에게 더욱 가까이 다가갈수록 악한 자의 교묘함을 보다 선명하게 볼 수 있었다. 하지만 빛 외에도, 은혜가 있다. 나는 더욱 은혜에 의존적이 되고, 보다 더 의지할 필요성을 느낀다. 이러한 의존을 즐거워하자. 우리 위에 계신 분이 우리를 도우시며, 우리를 돌보신다.

아버지와 어머니가 있는 자녀를 생각해보자. 그 자녀가 '나는 그분들과 상종하고 싶지 않다'고 말한다면 어찌 할 것인가? 과연 우리는 어린 자녀들이 그렇게 말할 리 없다고 해야만 하는 것인가? 당신은 어쩌면 독립적인 사람을 좋게 보고 있을지 모르지만, 당신이 정말 그런 사람이라면 당신은 자녀를 사랑하는 아버지의 자녀는 아닌 것이 분명하다.

다시 에베소서 3장을 보자. 에베소서 3장은 우리가 그리스도와 함께 영광을 받은 것에 대해 말하지 않고, 하나님이 영광을 받으신 것에 대해 말하고 있다. 따라서 21절은 "그리스도 예수를 통해서 교회 안에서 영광이 하나님께 대대로 영원무궁하기를" 바라고 있다. 이러한 상태는 믿음을 통해서 우리 안에 그리스도께서 내주하실 때에만 가능하다. 이것은 우리가 그리스도 안에 들어가 있는 신분에 대한 것이 아니다. 이제 우리는 신분과 함께 19절에서 말하고 있는 대로, "하나님의 모든 충만하신 것으로 너희에게 충만하게" 하시면, 그 실제적이고 풍성한 복됨 속으로 들어갈 수 있다. 반면에 1장 22절에 보면 핵심은 하나님이 만물을 그리스도의 발아래 복종하게 하시고, 또 그리스도를 만물 위에 교회의 머리로 삼으셨는데, 교회는 그의 몸이며 또한 만물 안에서 만물을 충만케 하시는 이의 충만인 것을 볼 수 있다. 따라서 에베소서 1장에서 핵심은, 하나님의 힘의 위력으로 역사하심을 따라 믿는 우리에게 베푸신 능력의 지극히 크심과 하나님은 그 능력으로 그리스도 안에서 역사하심으로써 그리스도를 죽은 자들 가운데서 다시 살리셨다는데 있다. 반면 에베소서 3장에서 핵심은, 우리를 위해서 그리스도를 다시 살리시고 또 그리스도를 다시 일으키신 능력에 대한 것이 아니라 "우리 안에서 역사하시는 능력을 따라서 우리가 구하거나 생각하는 모든 것에 더 넘치도록 능히 하실 하나님"(엡 3:20)에 대한 것이다.

182

우리 마음이 에베소서 3장의 핵심대로만 알고 있을 때, 안전하긴 하지만 낮은 상태에 있을 수밖에 없다. 물론 이 상태는 하나님이 없는 상태가 아니라 하나님과 함께 하는 상태이긴 하다. 나는 (신분상) 온전하고, 나에겐 부족한 것이 전혀 없다. 그것이 그리스도 안에 있는 나의 신분이다. 내가 하나님과의 친밀한 사귐을 바란다면, 나는 날마다 그리고 매순간 하나님을 진정으로 필요로 한다. 그럼에도 신분을 생각하면 완전하다. 이렇게 생각해보자. 당신이 나의 빚을 갚았고, 그 외에도 자본금을 주었다. 나는 필요한 모든 것을 가지고 있고, 더 이상 당신을 필요로 하지 않는다. 마찬가지로 하나님이 나를 하나님 앞에서 그리스도 안에 있는 자리에 넣어주셨다면, 나는 더 이상 하나님을 필요로 하지 않게 될 것이다. 하지만 나는 교통을 위해서 하나님을 필요로 하며, 만일 내 속에서 (가끔씩이라도) 일어나는 악한 생각을 발견하였다면, 나는 하나님에게 가서 그것을 없애달라고 은혜를 구해야 한다. 당신은 하나님 앞에서 그리스도 안에서 온전하게 되기를 원하기는 하지만, 하나님과의 영적 교통은 조금도 바라지 않는 사람인가? 그에 필요한 모든 역사는 완성되었다. 만일 당신의 죄들이 제거되지 않았다면, 당신이 영원속죄를 믿고 있지 않다면, 그 두 가지 모두(신분과 교통) 당신에게는 이루어질 수 없다. 왜냐하면 그리스도는 다시 죽으실 수 없기 때문이다. 속죄제사가 이루어졌을 뿐만 아니라, 죄가 영원히 제거되었다. 이로써 그리스도 안에 있는 나의 신분이 가능하게 되었다. 하지만 이것만 알게 되면, 이것은 반쪽 신앙이다. 그럼에도 우리의 신분에 대한 진리는 하나님만큼 완전하다. 이를 통해서 하나님은 영광을 받으셨고, 그 결과 하나님 앞에서 나의 신분이 확보되었다. 가장 좋은 옷이 나에게 주어진 것이다. 나에게 이 모든 것은 은혜의 선물이지만, 하나님에게 이 모든 것은 그분 자신의 영광이다. 당신은 이제 금욕주의자가 되고자 하는가? 교제가 없어도 된단 말인가? 교제가 있어야 할 뿐만 아니라, 교제를 누릴수록 당신의 기쁨은 끝이 없을 것이다.

이제 정직하게 말해보라. 당신에게 진정 기쁨이 흘러넘치고 있는가? 그렇지 않다면, 그것은 우리가 에베소서 3장에서 발견한 진리, 곧 믿음으로 말미암아 그리스도께서 마음에 거하시는 일이 당신에게 절대적으로 필요하다는 증거이다. 이것은 우리 생명이신 그리스도를 설명하고 있는 것이 아니다. 물론 그리스도께서 우리 생명이신 것이 매우 복된 진리이긴 해도, 에베소서 3장 17절에서 말하는 것은 그에 대한 것이 아니다. 우리는 그리스도의 복된 임재의 실현을 통해서 이루어지는 효과가 무엇인지를 이해할 필요가 있다. 따라서 에베소서 3장 17절은 그리스도께서 우리 마음에 거하시도록 함으로써, 그리스도의 복된 임재를 매순간 누리는 것을 갈망하는 기도인 것이다.

그리스도께서 우리 마음에 거하신다면 우리는 무제한적인 복에 들어가게 된다. 에베소서 3장 18,19절을 보라. "능히 모든 성도와 함께 지식에 넘치는 그리스도의 사랑을 알고 그 너비와 길이와 높이와 깊이가 어떠함을 깨달아 하나님의 모든 충만하신 것으로 너희에게 충만하게 하시기를 구하노라." 신분을 정확하게 아는 것은 그리스도인의 삶의 시작에 불과하다. 만일 내가 구원받은 사람이라면, 나는 문을 통과해서 집안에 들어온 것이다. 하지만 집안에 들어온 사람으로서, 나는 집안에 있는 것들을 잘 알뿐더러 잘 활용할 필요가 있다. 우선적으로 우리 영혼이 전체 진리의 본질(substance)에 뿌리를 내리는 것이 필요하다. 그 다음, 만일 내가 신분에 합당한 상태를 유지하고 있지 못하다면, 나는 불신자보다 더 나쁜 상태에 떨어지게 되고, 더 악화될 수가 있다. 그렇다면 마귀는 나로 하여금 잠시 동안일지라도 모든 신령한 복을 누리지 못하도록 역사할 것이다.

제 9장
에베소서 1장 15-23절과 3장 14-21절
The Prayers in Ephesians 1:15-23 and
Ephesians 3:14-21

에베소서 1장 15-23절과 에베소서 3장 14-21절을 읽으시오.

116

에베소서 1장의 기도는 우리 주 예수 그리스도의 하나님께 드려지고 있다. 왜냐하면 그리스도께서 사람으로 소개되셨기 때문이다. 에베소서 3장의 기도는 우리 주 예수 그리스도의 아버지께 드려지고 있다. 왜냐하면 그리스도께서 아들로 소개되셨기 때문이다. 에베소서의 시작부분에서 우리는 하나님이 우리를 부르신 부르심을 볼 수 있는데, 곧 "우리로 사랑 안에서 그 앞에 거룩하고 흠이 없게 하시고"(4절), 우리로 "아들의 명분"을 얻게 하려는 부르심이다. "하늘에 있는 것이나 땅에 있는 것이 다 그리스도 안에서 통일되게 하려 하시는"(10절) 그리스도에 대한 하나님의 목적을 진술한

후, 사도 바울은 계속해서 기업과 및 기업의 보증이신 성령님에 대해서 언급하였고, 이 기초 위에서 성도들을 위한 기도로 나아갔다. 에베소서 1장 끝부분에서 바울은 우리와 그리스도에 대한 관계를 추가적으로 설명하면서 "교회는 그의 몸"(23절)이라고 말했다. 우리는 그리스도께서 자신의 소유된 백성, 그 사랑하시는 백성을 자신에게로 정결하게 하신 것을 항상 기억해야 하며, 만일 우리가 이러한 하나님의 의도 속으로 들어가지 않는다면 하나님의 계획과 그리스도의 마음에 이르도록 높이 비상할 수가 없다. 하나님의 생각 가운데 가장 직접적이고 또 가장 가까운 대상은 그분의 성도들이다. 만일 내가 하나님의 생각 속에 잠긴다면, 나는 모든 성도들을 내 마음 속에 품을 것이다. 모든 성도들을 품지 않는 한, 나는 그리스도의 마음을 가질 수 없다. 이렇게 그리스도의 마음을 품게 해주는 것이 바로 그리스도의 영이다.

사도 바울의 기도는 두 부분으로 되어 있다. 첫 번째, 성도들은 자신들이 들어간 자리를 알아야 한다. 두 번째, 성도들은 자신들을 그곳에 들어가게 해준 능력을 알아야 한다. 우리가 얻은 그 충만한 복은 우리가 그리스도와 함께 받은 복이다. 우리가 황폐화된 상태에 있던 첫째 아담과 연합을 이루고 있었던 것처럼, 우리는 지금 영광 중에 계신 둘째 사람과 연합을 이루고 있다. 우리가 그 신령한 복을 받은 자리에 들어가지 못하도록 하는 모든 것을 하나님께서는 처리하셨고 또 제거하셨다. 이러한 것이 완전한 사랑이 가진 특징이다. 그리스도는 "세상이 주는 것 같지 아니한 것"을 주신다. 세상은 때로는 관대하게 주기도 하지만 주는 것에 대한 대가를 요구한다. 그리스도는 자신이 친히 즐거워하고 있는 곳으로 자기 사람들을 들어가게 하시는 방법을 통해서 모든 좋은 것을 주신다.

그리고 그 자리에서 영광을 취하도록 하신다. "내게 주신 영광을 내가 그들에게 주었사오니."(요 17:22) 즐거움을 취하도록 하신다. "내 기쁨이 너희 안에 있어 너희 기쁨을 충만하게 하려 함이라."(요 15:11) 평안을 취하도록 하신다. "평안을 너희에게 끼치노니 곧 나의 평안을 너희에게 주노라."(요 14:27) 사랑을 취하도록 하신다. "아버지께서 나를 사랑하심 같이 그들도 사랑하신 것을 세상으로 알게 하려 함이로소이다."(요 17:23) 사람이 되셨고 또 완전한 구속을 이루신 그리스도는 자신과 함께 하게 될 공동 후사들 없이 기업을 취하지 않으실 것이다. 그리스도는 받으신 모든 영광의 원천이자 또한 머리이시다. "하나님의 부르심의 소망은 무엇인가?"(엡 1:18) 에베소서 1장의 부르심의 소망은 당신을 개인적으로 부르신 부르심에 대한 것이 아니다. 그런 것이 아니다. 하나님의 부르심의 소망은 가장 충만하고 가장 숭고한 특징을 가지고 있다. 사도 바울은 우리 마음을 들어 올려 이러한 하나님의 생각과 계획에 이르게 하고자 애쓰고 있다. 우리는 하나님 앞에서 거룩하고 흠이 없는 자로 부르심을 받았다. 우리는 하나님 앞에서 그리고 아버지 앞에서 (그리스도와 죽음과 부활에 연합함으로써) 그리스도의 자리에 들어가도록 부르심을 받았다. 이것은 하나님의 사랑에 대한 완벽한 응답이다. 사도 바울은 에베소 교회 성도들이 그것을 얻게 해달라고 기도하는 것이 아니라, (그들은 그리스도 예수 안에 있는 신실한 자들, 곧 그리스도와의 연합의 진리에 들어온 사람들이었기에) 이미 그 속에 들어간 것을 마음의 눈이 밝아짐으로써 알게 해달라고 기도하고 있다.

117

성도에게 주신 하나님의 기업에 대해서 생각해볼 때, 만일 우리가 우리 자신이 들어간 자리와 비교해서 유대인의 자리에 앉아보면, 이 문제는 극도로 단순해진다. 이스라엘이 얻은 땅은 누구의 기업이었는가? 그것은 하나님의 기업이었다. 하나님이 기업으로 얻은 것은 이스라엘 백성이었다. 하지만 우리는 기업이 아니라, (기업을 상속할) 하나님의 후사들이다. 하나님이 그 마음에 생각하고 계셨던 땅에 속한 기업을 우리는 가지고 있지 않다.

바울의 기도는 "너희 이해의 눈이 밝아지는 것"(18절)이었다. 우리는 이러한 것들을 알 필요가 없다고 생각해서는 안된다. 신약성경은 조심스럽게 이러한 것들이 우리의 눈앞에 활짝 펼쳐져 있다고 말한다. "오직 하나님이 성령으로 이것을 우리에게 보이셨으니."(고전 2:10) 하지만 바울은 구약성경을 인용하면서 "하나님이 자기를 사랑하는 자들을 위하여 예비하신 모든 것은 눈으로 보지 못하고 귀로 듣지 못하고 사람의 마음으로 생각하지도 못하였다"(고전 2:9)고 말했다. 그러한 것이 유대인의 상태였다. 그리스도와의 연합을 통해서 우리가 들어간 상태는 유대인의 상태와는 전혀 다르다.

이러한 것들이 이미 우리에게 주어졌을 뿐만 아니라, 우리로 그것들을 이해하도록 주어졌다. 우리는 결코 구약시대 성도들이 처해 있었던 상태 속에 있지 않다. 고린도전서 2장에서 우리는 세 가지 단계를 볼 수 있는데, 곧 성령을 통한 계시 단계, 성령을 통해서 말씀이 주어지는 단계, 그리고 성령을 통해서 말씀을 받는 단계이다.

요한계시록에서 소개하고 있는, 하늘에 있는 도성에 대한 기록을 읽어보라. 그것은 상당한 의미를 가지고 있다. 하늘 도성을 그려내고 있는 모든 이미지들은 성경에서 상당한 의미를 가지고 있다. 물론 그러한 것들은 다만 상징일 뿐이라는데 동의하지만, 어쨌든 그 상징들은 우리에게 중요한 개념들을 전달하고 있다. 하나님의 마음 안에서 살면 살수록, 우리는 더욱 지적으로 그리고 영적으로 밝아진다. 전에는 거울을 보는 것처럼 희미하게 보았던 것들이, 전혀 다르게 보인다기 보다는 점차 선명하게 보이기 시작한다. 예를 들어서 요한계시록 2장 17절에서 주님이 주시는 "흰 돌"은 충만한 능력을 상징한다. 우리는 그리스도인으로서 동일한 기쁨을 맛보지만, 개인에게 개별적으로 주어지는 그리스도의 인정(또는 승인)이 따로 있다. "금"은 항상 하나님의 공의에 대한 상징으로 사용되고 있다. 물두멍에서 제사장들은 씻고 정결하게 했지만, 장차 수정 같은 유리바다를 걷게 될 때에는 더 이상 씻을 필요가 없을 정도로 정결한 상태에서 그 위를 걷게 될 것이다(계 4:6). "불"은 심판을 상징하며, 따라서 요한계시록 15장 2절은 "불이 섞인 유리 바다 같은 것이" 있음을 소개하고 있다. 이것은 심판의 결과에 의해서 완전히 정결해진 모습을 설명한다. 요한계시록 21장 21절은 "성의 길은 맑은 유리 같은 정금이더라"고 말한다. 이 세상의 더러움에 찌든 길을 걷는 것이 아니라, 장차 하나님에게 합당한 거룩과 공의를 입고서 그 길을 걷게 될 것이다. 요한계시록은 통치에 대한 하나님의 생각 이상을 넘어가지 않는다.

118

이제 우리를 이러한 것들 속으로 들어가게 해준 능력에 대해서 살펴보자. "그의 힘의 위력으로 역사하심을 따라 … 그의 능력이 그리스도 안에서 역사하사 죽은 자들 가운데서 다시 살리시고." (엡 1:19,20) 이러한 사실과 연결되어 있는 능력은, 얼마나 놀라운 진리인가! 메시아는 단순히 약속된 다윗의 아들이 아니었고, 하나님의 모든 계획을 성취하실 분이셨다. 그분은 만물 아래로 내려오셨다가, 모든 하늘들 위로 올라가셨다. 죽임을 당하신 사람이신 그리스도는 모든 정사와 권세 보다 높이 오르셨다. 그분은 사망의 자리로까지 내려가셨는데, 사람들은 죄들 가운데서 살아있는 것이 아니라 오히려 죽은 상태에 있었기 때문이다.

여기서 죄인을 허물과 죄로 죽어있는 존재로 보느냐, 아니면 살아 있는 존재로 보느냐 하는 것은 매우 중요하다. 이 둘은 동일한 상태이긴 해도, 서로 다른 측면을 가지고 있다. 로마서는 사람을 죄들 가운데 살아있는 존재로 다루며, 그리스도는 그 상태를 해결하신 분이시다. 에베소서에서는 칭의 문제를 다루고 있지 않으며, 사람에 대해서 조금도 생명의 기미가 없는 존재로 보고 있다. 즉 우리는 죄들 가운데 죽어있었고, 그리스도는 그 죄들을 대속(代贖)하기 위해서 죽으셨다. 하나님이 개입하셨고, 우리 모두를 하나로 만드셔서, 하나님의 마음과 목적 안에 있는 존재로 만드셨다. 하나님은 우리를 그리스도와 함께 살리셨다. 그리스도는 죽음의 자리로 내려오셨고, 거기에서 우리가 지은 모든 죄들을 씻어주셨으며, 그 결과 하나님은 그리스도를 살리셨다. 사람은 결과적으로 그리스도와 하나로 연합된 존재가 되었다. 이것은 우리가 다른 서신서들에선 볼 수 없는 내용이다. 그리스도를 다시 살리신 그 동일한 능력이 그리스도를 믿는 모든 개인들에게 역사했다. 그리스도는 우리를 위해서 죽음에까지 내려가셨고, 은혜에 속한 모든 역사 속으로 들어가심으로써, 우리가 처해 있었던 그 상태에 있는 우리를 찾아내었고, 우리를 거기서 빼내줄 수 있는 자격과 권한을 하나님께 정당하게 받을 수 있는 역사를 이루셨기에, 우리는 그리스도와 함께 일으킴을 받았고, 이제는 그리스도 예수 안에서 하늘에 함께 앉게 되었다. 이것이 우리의 자리요, 또한 당신의 자리이다. 사도 바울은 당신이 그에 대해서 어찌 생각하는지 묻지 않는다! 그리스도의 영을 받은 사람이라면, 이것을 자신의 자리로 가지지 못한 사람은 없다. 우리는 구속의 날, 곧 우리 몸의 구속을 기다리고 있지만, 그리스도 안에 있던지 그리스도 밖에 있던지 둘 중 하나이다. 그리스도인은 이 두 가지 모두에 해당될 수는 없다.

만물이 사람이신 그리스도의 발아래 놓이게 될 것이다. 이는 하나님께서 "만물을 그의 발 아래에 복종하게 하시고 그를 만물 위에 교회의 머리로 삼으셨기"(22절) 때문이다. "교회는 그의 몸"이다. 이것은 매우 짧은 문장이지만, 모든 비밀이 그 안에 담겨 있다. 이것은 시편 8편을 인용한 것이다. "[주께서] 만물을 그의 발 아래 두셨나이다."(시 8:6) 시편 2편에서 그리스도는 다윗의 아들, 시온의 왕, 하나님의 아들로 소개되었다. 요한복음 1장을 보면 나다나엘은 이 시편을 언급하면서, 예수님을 "이스라엘의 임금"으로 고백했고(49절), 예수님은 그에게 "이후에 하늘이 열리고 하나님의 사자들이 인자 위에 오르락 내리락 하는 것을 보리라"(51절)고 말씀하셨다. 하지만 그리스도는 거절당하셨고, 그렇게 시편 8편이 성취되었다. 이제 그리스도는 영광과 존귀로 관을 쓰고 계시지만, 우리는 아직 만물이 그분의 발아래 복종하고 있는 것을 보지 못한다. 그리스도는 지금 아버지의 보좌에 앉아 계신다. "이기는 그에게는 내가 내 보좌에 함께 앉게 하여 주기를 내가 이기고 아버지 보좌에 함께 앉은 것과 같이 하리라."(계 3:21) 여호와께서는 "내가 네 원수들로 네 발판이 되게 하기까지 너는 내 오른쪽에 앉아 있으라"(시 110:1)고 말씀하셨다. 은혜의 시대가 "되게 하기까지"라는 단어를 통해서 소개되고 있다. 그리스도께서 자신의 친구들인 우리를 위해서 사역을 완성하신 결과로 우리에게 주어지는 위로와 복이 있다. "그가 거룩하게 된 자들을 한 번의 제사로 영원히 온전하게 하셨느니라."(히 10:14) 그러므로 우리는 그리스도께서 초림시에 완성하신 사역과 다시 오실 그리스도의 재림 사이에 서있다. 우리는 유대인들처럼 그리스도의 사역이 이루어지길 기다리고 있지 않다. 왜냐하면 성령님이 오셨고, 그리스도를 믿는 사람들에게 인을 치셨기 때문이다. 나는 이미 하나님 앞에 있는 그리스도의 자리로 열납되었다. 나는 그리스도께서 나의 선두주자이신 것을 알고 있다. 이제 그리스도께서 대적들을 다루고 계신다. 만물에 대한 통치권이 확립되면, 아들 자신도 만물을 자신에게 복종하게 하신 이에게 복종하실 것이다(고전 15:28). 이는 우리를 위한 참으로 복된 진리이다. 만물을 하나님을 위해서 절대적인 질서 속으로 이끄시는 동안 그리스도께서 통치하실 것이다. 이 일이 이루어질 때, 그리스도는 사람으로서 자신의 자리를 취하실 것이며, 결코 포기하는 일이 없을 것이다. 그리스도는 많은 형제들 가운데 장자이시다. 자신이 창조한 모든 피조물 위에 사람으로서 앉아 계신다. 그럼에도 몸이 없다면, 머리만으로는 충분하지 않다. 보충하는 것으론 충분하지 않다. 교회는 그리스도의 몸이다.

119

바울 외에 그리스도의 몸으로서 교회를 언급한 사람은 없다. 물론 다른 사람들은 지역교회에 대해선 언급했다. 그리스도는 "내가 이 반석 위에 내 교회를 세우리니"(마 16:18)라고 말씀하셨다. 이것은 하나님의 집으로서 교회를 가리킨다. 하지만 나는 지금 그리스도의 몸으로서 교회를 언급하고 있다. 만일 이 그리스도의 몸으로서의 교회가 십자가 이전에 계시되었다면, 우리는 교회 안에 있는 모든 유대인을 율법을 어기는 사람으로 만들게 된다. 왜냐하면 그리스도의 몸으로서 교회의 본질이 유대인과 이방인을, 한 사람으로 만들었기 때문이다.

    에베소서 3장에 있는 기도는 우리 주 예수 그리스도의 아버지께 드려지고 있다. 거기서 사도 바울은 성도들이 이 모든 하나님의 생각과 계획을 알게 해달라고 구하지 않고, 다만 그리스도께서 그들 마음 속에 거하게 해달라고 기도하고 있다. 이제 바울은 성도들을 대상으로 삼지 않고, 다만 그들 속에 계신 그리스도를 바라보고 있다. 바울은 성도들이 그리스도를 실제적으로 또 의식적으로 소유하고, 믿음으로 그리스도께서 그들 마음에 거하시게 하고 또 하나님의 사랑의 온전함 속에서 자리를 잡으시기를 소망하고 있다. 그렇게 된다면 그들은 그리스도를 모든 영광의 중심에 둠으로써 "그리스도의 사랑의 너비와 길이와 높이와 깊이가 어떠함을 깨달아"(19절) 알게 될 것이다. 만일 내가 그 너비와 길이와 높이와 깊이를 보게 된다면, 그것은 눈이 부실 정도로 영광스러운 일이 될 것이다. 만일 나의 가장 친한 친구가 여왕의 궁전의 수뇌부에 있다면, 나는 그곳을 내 집처럼 편하게 여길 것이다. 이러한 일은 과연 내가 무언가를 잃어버림으로써 되는 것인가? 전혀 그렇지 않다. 오히려 내 마음에 거하시는, 겸손하고 자신을 낮추신 분을 얻음으로써 되는 일이다.

120
    따라서 만일 에베소서 1장에서 우리가 그리스도를 혹은 은혜로 우리 자신을, 하나님 우편에 있는 영광의 자리 속으로 들어가게 해준 외부의 능력을 얻었다고 할 것 같으면, 에베소서 3장에서는 우리가 이미 그 지위에 들어간 존재로서 우리 속에 신적인 능력이 있기에, 그 능력의 실체를 실현시키고 또 하나님은 그 실체의 충만으로 역사하시기에, 그에 따라서 속 사람이 강건하게 되고 하나님의 모든 충만으로 충만하게 되는 것이 가능한 일인 것을 알 수 있다. 이것은 하나님이 우리를 친히 다루심으로써 되는 것이 아니라, 우리 자신이 아들로서 그리스도와의 관계를 형성하고 믿음에 의해서 그리스도께서 우리 속에 내주하심으로써 된다. 충만과 그 충만의 나타남의 중심에 계신 그리스도께서 우리 안에 거하실 때, 우리 삶의 모든 영역에 능력이 임하게 된다. 이제 사랑 안에서 뿌리를 내리고 터가 굳어짐으로써 우리는 단순히 도덕적인 사람이 되기 보다는 하나님의 속성인 사랑을 우리 신앙의 중심으로 삼은 사람이 되며, 그리되면 신의 성품에 속한 모든 것을 품을 수 있게 된다. 왜냐하면 그러한 것이 우리 속에 자리잡은 신적 본성의 활동이기 때문이다. 따라서 우리는 넓게 확 트인 영광의 전망을 바라보는 사람이 된다. 이는 그리스도 자신이나 영광의 원천에 대한 것이라기 보다는, 영적 전망에 대한 것이다. 어쨌든 사랑 안에서 우리는 모든 것의 원천에 닿아 있다. 우리는 지식을 초월하는 그리스도의 사랑을 소유하고 있고 또 알고 있다. 이제 내가 아는 것은 그 사랑이 전적으로 또한 특별하게 나의 것이 되었다는 것이다. 물론 내 속에는 그 사랑을 받을만한 자격이 전혀 없다. 그리스도는 본성상 신성으로 충만하시고 무한하시다. 그리스도의 사랑은 나의 부족과 결핍과 연약함에 적용되는 방식을 통해서 나타나며, 그러한 것들에 적용됨으로써 알려지지만, 그 자체적으로 알려지기도 한다. 그리스도의 사랑은 사람을 위한 것이며, 사람을 통해서 나타나며, 사람에게 적용된다. 신적인 속성상, 그 사랑은 지식을 초월하며, 사람을 영적인 기쁨 속으로 이끌어준다. 이것은 그 속에서 하나님이 나타나시고 또 하나님 자신에게는 하나님 자신의 충만을 따라서 역사하실 수 있는 공간을 만들어준다. 이렇게 사랑으로 충만해지고, 의식적으로 사랑이 우리 영성의 중심에 있게 된다. 이것은 우리가 우리 능력에 의해서 이러한 상태에까지 이르는 것이라기보다는, 하나님의 충만의 정도에까지 충만하게 되고, 믿음으로써 우리 마음에 그리스도께서 거하시게 됨으로써 가능한 것이다. 따라서 사랑은 우리 속에 있는 능력의 원천이 되며, 따라서 우리는 그 속에 있는 하나님의 성품과 본성과 자격에 따라서 충만한 상태를 평가해보게 되고, 우리가 의식하고 있는 복됨의 궁극적 요소가 그리스도 자신에게 있음을 알게 된다. 우리를 그 상태에 익숙하게 만들어주고, 우리 속에 있는 것과 모든 빛의 중심에 있는 것은 우리가 아는 분에게 달려 있으며, 가장 가깝고 가장 신뢰할만한 그분께서 믿음을 통해서 우리 속에 거하시는 일에 달려 있게 된다. 신성의 충만이 그리스도 안에 있다. 요한계시록 21장 23절과 비교해보라.

121

하나님은 "우리 가운데서 역사하시는 능력대로 우리가 구하거나 생각하는 모든 것에 더 넘치도록 능히 하실" (엡 3:20) 수 있는 분이시다. 이것은 우리가 지금 바라보아야 하는 것이다. 당신의 마음은 이 사실을 붙잡고 있는가? 우리 안에서 역사하는 능력이 있을 뿐만 아니라, 하나님은 그 능력을 따라서 우리가 구하거나 생각하는 모든 것에 더 넘치도록 하실 수 있다. 우리는 과연 하나님의 능력에 대해서 얼마만큼의 믿음이 있는가?

나는 오늘날 기독교의 모든 것이 폐허상태에 있고 또 혼동 상태에 있다고 믿는다. 하지만 그리스도의 능력에는 폐허나 혼동이 있을 수 없다. 아무리 악한 자의 능력이 크다 해도 그분의 능력 아래 있을 뿐이다.

Praying with Paul

제 10장
우리 속에서 역사하는 능력
The Power that works in us

에베소서 3장 16-21절을 읽으시오.

139

여기 기도의 주제는 성령님에 의해서 "속 사람을 능력으로 강건하게" 해주심으로 내적인 능력을 가진 사람이 되게 해달라는 것이다. 바울의 마음은 그리스도를 심히 기뻐하고 또 성령의 작용에 의해서 우리가 생각하는 것 이상으로 넘치는 능력을 경험하는 성도들을 보기를 간절히 바라는 것이었다.

에베소 교회 성도들은 속 사람이 살리심을 받았고, 그 속에 신의 성품을 받았다. 하나님은 그들에게 그 크신 사랑을 쏟아 부어주셨다. 그들의 영혼은 다시 살리심을 받았을 뿐만 아니라, 하나님의 충만을 받았다. 그들은 죄에서 정결하게 된 사람들로 이루어진 새로운 가족의 일원이었다. "자녀들아 내가 너희에게 쓰는 것은 너희 죄가 그의 이름으로 말미암아 사함을 얻음이요."(요일 2:12) 그들은 썩어질 씨가 아니라 썩지 아니할 씨로 거듭난 사람들이었다. 여기서 썩지 아니할 씨(the incorruptible seed)는 하나님의 말씀 자체는 아니지만, 하나님의 말씀에 의해서 전달되는 것을 가리킨다. 따라서 그리스도인은 현재 피조물이 서있는 지위가 아닌, 전혀 새로운 지위(position) 속으로 들어간 사람이다. 첫째 아담은 무죄했지만 썩어질 씨였다. 둘째 아담은 순결하면서도 썩지 아니할 씨였다. 신자는 (그 속에 썩을 것이 여전히 있지만 그럼에도) 이 썩지 아니할 씨를 받았고, 그것은 하나님의 말씀에 의해서 된 일이다. 그들은 바로 이 썩지 아니할 씨를 그 속에 가진 사람들이었다. 그렇지만 사도 바울의 마음은 왠지 만족스럽지 않았고, 다만 하나님을 의지할 뿐이었다. 왜냐하면 그들 속에 계신 성령님께서 그들의 개인적인 필요를 따라서 역사하실 것이기 때문이다. 이 일은 결국 모든 성도들이 누리게 될 "하나님의 영광의 풍성을 따라" 이루어질 것이다. 그럼에도 이 하나님의 영광의 풍성은 지금 우리 능력의 원천으로 주어졌고, 한량없이 주어지는 것이었다. 우리 영혼을 다시 살리고 또 지금 우리 영혼을 강건하게 해줄 뿐만 아니라, 장차 그리스도의 신부를 충만하게 하는 것은 모두 동일한 성령의 역사다. 바울은 이러한 성령의 역사에 아무런 제한을 두지 않았다.

"믿음으로 말미암아 그리스도께서 너희 마음에 계시게 하옵시고."(17절) 이것은 행복한 감정 또는 평온한 느낌을 갖는 것을 말하지 않는다. 믿음에 의해서 그리스도께서 마음에 거하신다는 것은 마치 방주가 하나님의 아라랏 산에 안전하게 머물게 된 것과 같다. 그리스도께서 마음에 계신다면 온갖 걱정 근심은 사라지게 될 것이다! 만일 그리스도께서 집 주인으로서 그 집을 온전히 장악하시고, 그 안에 거하신다면, 그리스도는 집안에 먼지가 쌓이거나 거미줄이 쳐지는 일을 허용하지 않으실 것이며, 집의 구석 구석을 그리스도의 특성으로 채우실 것이다. 무슨 일이 갑자기 닥칠지라도 걱정이 앞서는 것이 아니라 그리스도께서 앞장 서실 것이다.

어떤 사람들은 사랑을 높이 들어 올린 후, 신자들이 행해야 할 계명으로 만든다. 이것은 비밀이 아니다. 만일 그리스도께서 마음과 양심의 주인이시라면, 그리스도는 형제사랑을 가르쳐주실 것이며, 그때에는 자연스럽게 "능히 모든 성도와 함께 지식에 넘치는 그리스도의 사랑을 알아 그 넓이와 길이와 높이와 깊이가 어떠함을 깨달아"(18,19절) 알게 될 것이다. 이 구절과 골로새서 2장 2절을 보면, 이렇게 깨닫는 일이 그리스도 속에 뿌리를 박는 일과 연결되어 있는 것을 볼 수 있다. 인간의 감정이 아니라 신성한 감정의 작용이 일어나야 한다. 내 속에서 신성한 정서가 흐르지 않는 한, 나는 아무것도 깨달을 수 없다. 넓이와 길이와 높이와 깊이는 무엇에 대한 것인가? 기독교가 시작되자마자 철학이 밀어닥쳤다. 바울은 그리스도 안에 있는 것 외에 다른 것의 넓이와 길이 등은 알지 못했다. 사탄은 많은 것을 알고 있을지 모르지만, 깊이 아는 것은 없다.

우리는 하나님의 충만 속으로 들어왔다. 따라서 우리는 우선적으로 그 영에 의해서 내적으로 강건함을 받게 된다. 둘째, 믿음으로 말미암아 우리 마음에 그리스도께서 거하시고 사랑 안에서 뿌리가 박히고 터가 굳어지는 것으로 나아가게 된다. 이로써 우리는 모든 성도들과 함께 그리스도의 사랑의 넓이와 길이와 높이와 깊이가 무엇인지 이해하게 되고, 셋째, 이로써 우리는 하나님의 모든 충만하신 것으로 충만하게 된다. 넷째, 이것은 우리 속에서 역사하는 능력으로 된다. 이러한 하나님의 충만은 무언가를 불러오게 된다. 하나님께서 그리스도에게 주신 모든 것은 우리의 것이다. 이제 나는 하나님을 찬송한다. 잠잠하고 있어야 하는 것인가? 어째서 당신은 당신이 구하는 것이나 생각하는 것에 더 넘치도록 능히 역사하실 수 있는 주님을 향해 당신의 간구하는 목소리를 높이지 않는 것인가? 그렇게 하지 않는한, 우리는 너무 많은 것을 기대할 수는 없다.

이 기도 속에 나타난 몇 가지 특징에 주목하라. 첫 번째는, 이 기도는 영광의 아버지 하나님께 드리는 기도이다. 두 번째는, 주 예수 그리스도의 아버지께 드리는 기도이다. 하나님의 종으로서 그리스도의 영광과 아버지의 독생자로서 그리스도의 영광은 별개이다. 그리스도께서 "내 아버지 곧 너희 아버지", "내 하나님 곧 너희 하나님" 이라고 말씀하신 것은 동일한 것을 반복하신 것이 아니라, 다른 두 가지 실체를 말씀하신 것이었다. 그리스도께서 종의 자리를 취하셨을 때, 하나님은 그에게 영광의 아버지셨다.

그리스도의 동정하는 마음은 여기 아래의 필요를 따라서 흘러나온다. 우리는 그리스도의 동정하는 마음을 기대할 수 있다. 만일 우리가 그리스도의 동정하는 마음을 더 많이 알수록, 하나님의 자녀들은 서로를 향해 더 많은 동정하는 마음을 가지게 될 것이다. 당신속에 슬픈 마음이 가득하다면, 다른 사람에게 가서 동정을 베풀라. 그리하면 당신의 슬픔은 사라지고, 흔적조차 없게 될 것이다.

많은 성도들이, 만일 그리스도의 동정하는 마음이 무엇인지를 알고 있다면, 사람의 동정을 구하러 다니기 보다는 골방에 들어가고 싶을 것이다. 그리스도는 나의 육신적인 생각을 동정하는 일을 하지 않으시고, 오로지 하나님의 영광을 위하는 일을 하신다. 그리스도는 나의 의지를 깨뜨리시고는, 그 자리에 그리스도 자신의 의지를 심으신다. 그리고 나서 모든 좋은 것으로 배부르게 해주신다. 그리하여 우리 얼굴은 밝게 빛나게 된다. 따라서 하나님의 영광을 목표로 삼지 않은 채, 그저 동정을 바라는 것은 아무 쓸모가 없다.

그리스도의 동정심으로 우리도 남에게 동정심을 베푸는 것은 별개의 사안이다. 그럼에도 그리스도는 우리를 돌보신다(요 16장).

141
여기서 기도하는 것처럼, 당신도 성령의 역사하심을 구하는 기도를 하고 싶은지 묻고 싶다. 하나님과 그리스도를 이렇게 서로 연결하고 또 묶어 주는 영적인 빛과 지식이 어째서 그토록 적은 것인지,

그 이유 가운데 하나를 들어보라고 한다면, 나는 이런 식으로 역사하시는 성령의 역사를 구하는 기도가 부족하기 때문이라고 말하고 싶다. 그리스도는 지금 하늘에 계신다. 그리스도는 갈릴리에서 그분을 따르던 적은 무리의 사람들의 생각의 중심을 차지하고 있었다. 어째서 당신과 나는 그리스도를 실제적으로 우리 마음과 생각의 중심으로 삼고 있지 않은 것일까? 초대 교회 시대 그리스도를 따르던 제자들이 가진 전부는, 단순히 자기 주인의 말씀을 실천하며 또 그 말씀의 빛을 따라 행하는 것이었다. 이 사실은 매일의 삶을 어떻게 살아야 하는지 우리 마음에 도전을 준다. 우리 마음 속에 그리스도께서 거하시면 모든 것이 변한다. 그리스도께서 마음에 거하신다면, 불만을 갖는 일은 매우 어려울 것이다. 한 사람 마음의 생각은 한 무리 마음의 생각을 변화시킨다! 하나님께서 진정 그리스도께서 내 안에 사시는 것이 무엇인지를 우리에게 알게 해주시길 바란다.

제 11장
은혜와 통치
Grace and Government

에베소서 4장을 읽으시오.

142

우리 영혼이 개인적으로 그리스도께서 하나님의 영광을 받으셨으며, 그렇게 영광의 자리에 들어가셨다는 사실을 보게 되면, 우리 또한 두 개의 자리에 들어가게 된 것과 이 두 자리는 서로 구분된다는 것을 보게 된다. 첫 번째는 하나님의 자녀로서 우리가 들어가 서 있게 되는 은혜의 자리이다. 다른 말로 하자면, 이는 그리스도인의 지위 혹은 교회의 지위를 가리킨다. 두 번째는 하나님의 통치를 받는 자리에 들어가는 것이다. 후자는 다양한 방식으로 소개되어 있다. "장차 한 왕이 의로 통치" 하는 천년의 시기가 있을 것이며(사 32:1), 성경은 이에 대해서 "주 하나님 곧 전능하신 이가 친히 큰 권능을 잡으시고 왕 노릇 하시는"(계 11:17) 것으로 말하고 있다. "그리할 때에 삼림의 나무들이 여호와 앞에서 즐거이 노래"(대상 16:33)할 것이다. 이 모든 복은 하나님의 통치의 효력으로 나타나게 될 것이다.

또 다른 의미에서 하나님은 섭리의 방식을 통해서 지금도 통치하는 일을 하신다. 그래서 성경은 "너희에게는 머리털까지 다 세신 바 되었나니"(마 10:30)라고 말한다. 그럼에도 우리는 의로운 사람이 커다란 시련을 당하는 것을 보고 있지 않은가? 이런 일은 정상적인 하나님의 통치 아래선 결코 있을 수 없는 일이다. 천년왕국 시대에는 주님이 통치하시는 정상적인 효과가 즉시 나타나게 될 것이다. 그럼에도 지금 아버지께서는 각 사람의 행위를 따라서 판단하는 일을 하고 계신다(벧전 1:17). 하나님은 사실상 모든 심판하는 권세를 아들에게 맡기셨다. 그럼에도 여전히 하나님은 자기 자녀를 징계하는 일을 하신다(히 12장). 그리스도는 "사람이 나를 섬기면 내 아버지께서 저를 귀히 여기시리라"(요 12:26)고 말씀하시고, 또 "나를 사랑하는 자는 내 아버지께 사랑을 받을 것이요"(요 14:21)라고 말씀하신다. 이는 하나님의 자녀로서 마땅한 행실과 연결되어 있다. 뿐만 아니라 이는 하나님의 자녀에 대한 아버지의 통치를 의미하며 또한 자기 자녀에게 선을 이루시는 아버지의 돌보심을 의미하지만, 섭리적인 차원에서 세상을 통치하는 방식과는 전혀 다르다는 점을 인식해야 한다. 게다가 하나님은 지금 악인들조차도 은혜로 대하신다.

나는 이러한 것을 아버지와 자녀의 지위(position)에 속한 것으로 언급하긴 했지만, 우리는 더욱 그리스도인의 지위가 무엇인지를 깊이 생각해야 한다. 교회가 들어간 지위는 하나님 은혜의 충만함을 보여준다. 만일 내가 그리스도와 하나가 되었다면, (하나님이 나를 그리스도 안에서 받아주셨다는) 열납의 문제는 해결된 것이다. 이렇게 만일 내가 재판장과 하나가 되었다면, 정죄 받을 것을 두려워하는 마음으로 심판을 바라볼 필요가 없다. 이제 분명한 것은 교회는 그리스도의 몸이며, "만물 안에서 만물을 충만케 하시는 자의 충만"(엡 1:23)이다. 뿐만 아니라 "우리는 그 몸의 지체들," 즉 그리스도의 살 중의 살이요 뼈 중의 뼈가 되었다(엡 5:30, KJV 직역). 당신은 이러한 진리가 가지고 있는 엄청난 의미와 그 어마어마한 진가를 볼 수 있어야 한다.

이렇게 그리스도와 하나가 되는 것이 무엇인지를 알게 될 때, 우리는 그 진리에 속한 특권 속으로 들어가게 된다. 이러한 그리스도와의 연합의 진리는 우리를 받아주심, 의(義)롭게 됨과 같은 진리들과는 달리 우리를 하나의 새로운 자리(a place) 속으로 넣어준다. 일단 우리 영혼 속에 이 하나님의 가르침을 받아들이게 되면, 모든 것이 단순해진다. 우리가 그리스도와 하나가 되었다는 진리는 우리 영혼 속에 또 하나의 믿음의 요소(a matter of faith)로 새로이 자리를 잡게 되고, 이렇게 되면 관계 의식(a consciousness of relationship)이 생겨나게 된다. 만일 이 진리가 단순히 객관적인 진리에 불과하다면, 나에겐 아무런 가치가 없을 것이다. 이제 나는 반드시 이 진리를 내적으로 알아야 할 뿐만 아니라 나의 영혼의 유익을 위해서 사용할 수 있어야 한다. 모든 진리가 그러하듯, 당신은 그리스도와의 연합의 진리를 내적으로 알아야 한다.

사람들의 기도를 들어보면, 그 영혼의 상태를 알 수 있다. 만일 영혼 속에 하나님 아버지와 자녀의 관계의식이 형성되지 않았다면, 하나님을 아버지라 부를 수 없다. 만일 우리도 그렇다면, 그 관계에 속한 감정, 느낌, 그리고 기쁨을 알 수도 없을뿐더러 누릴 수도 없다. 하나님의 진리의 가르침을 통해서 관계 속으로 들어가는 그 순간, 모든 것이 나의 것이 된다. 단순히 지식적으로 아는 것이 아니라, 체험적으로 알게 될 때 평안과 거룩한 감정이 흐르게 된다.

143

이것은 하나님의 교회도 마찬가지이다. 은혜의 터 위에 서있지 않으면, 우리는 교회의 복 속으로 들어갈 수 없다. 하나님께로부터 신령한 복들이 흘러나오는 것을 볼 때, 나는 너무 많은, 너무 과도한 복이 흘러나온다고 말할 수 없다. 만일 나 자신에게서 나오는 것이라면, 과연 무엇을 기대할 수 있을 것인가? 만일 나 자신에게서 비롯되는 것이라면, 그것이 무엇이든지 부끄러운 것밖엔 없을 것이다. 하지만 만일 그리스도에게서 비롯되는 것이라면, 그분에게 너무 과도한 것이란 없을 것이다.

하나님은 모든 가능한 방법을 동원해서 사람을 시험하셨다. 나 자신에 대해서도 (아버지로서 통치적인 차원에서의 시험이 아닌) 모든 시험이 끝났다. 이제 하나님은 은혜의 방식으로 일하신다.

성경에서 우리는 우리 마음이 어떠한지에 대해서, 이스라엘의 역사를 통해서 완전하고도 매우 상세한 모습을 볼 수 있다. 모든 것이 죄임을 입증해주고 있지만, 이제는 죄가 제거되었다. 하나님이 사람을 시험하시는 동안에는 의(義)가 아직 선포되지 않았다. 하나님의 의가 아직 성취되지 않았기 때문이다. 이전 세대에서 과연 우리는 어디서 의를 볼 수 있었는가? 그리스도께서 하나님 보좌에 앉으시기 전까지, 그 어느 곳에서도 의(righteousness, 공의, 정의)를 찾아 볼 수 없었다. 무죄한 이가 계셨고, 또 은혜도 있었다. 그럼에도 그리스도는 침 뱉음을 당했다. 의는 거기에 없었다. 의는 예언되었고, 약속된 일이었지만, 의로운 사람은 한 사람도 없었다. 이렇게 사람을 시험한 결과, 공평한 저울에 달아 본 결과, 사람은 불합격 판정을 받았다(욥 31:6, 단 5:27).

야곱의 아들들을 보라. 율법이 주어질 때에도, 모세가 산에서 내려오기 전에 송아지 우상숭배가 자행되었다. 제사장, 선지자, 그리고 왕을 보라. 모든 육체가 풀과 같았다. 마침내 하나님의 아들께서 오셨을 때조차도, 그들은 "이는 상속자니 자 죽이고 그의 유업을 차지하자"(마 21:38)고 말했다. 그래서 결국 "이제 이 세상의 심판이 이르게"(요 12:31) 되었다. 물론 이 세상의 심판은 아직 집행되지 않았고, 다만 이 모든 일의 결과로 의로우신 주께서 하늘에 앉게 되었다. 이제 의가 세상 앞에 우뚝 서있다. 사람들은, 그리스도께서 장차 그 능력의 영광으로 오실 때까지 그분을 보지 못할 것이다. 그리스도는 "아버지께서 내게 하라고 주신 일을 내가 이루어 아버지를 이 세상에서 영화롭게 하였사오니…나를 영화롭게 하옵소서"(요 17:4,5)라고 기도하신 대로, 새 사람으로서 아버지께 열납되셨으며, 아버지의 영광으로 죽은 자 가운데서 살아나셨다. 여기에 우리의 의(義)가 있다. 사람을 죄인으로 적발하시고, 그리스도를 십자가에 내어주신 모든 하나님의 역사는 하나님의 의(義)를 선포하는 것으로 나타났다. 이제 이 하나님의 의(義)가 모든 믿는 자에게 임했고 또 주어졌다.

144

사람(아담)은 (하나님의 영광에) 이르지 못했고, 제함을 당했다. 뿌리와 가지, 모두 치료불능 상태에 떨어졌다. 하지만 또 다른 사람(즉 그리스도)이 왔다. 그리고 처음부터 끝까지 모든 것이 은혜이다. 그리스도는 신성한 생명의 근원이시고, 하나님의 의의 완성자이시다. 이제 하나님 보좌에 앉으셨으며, 이 자체가 하나님 교회의 터가 되었다. 이제 이것은 단순히 믿는 사람은 구원을 받는다는 사실에 역점이 있는 것이 아니라, 그 보다는 더 중요한 사실, 즉 신자는 하늘에 있는 머리와 하나가 되었다는데 역점이 있다. 이것은 우리의 지위(our position)에 속한 어마어마한 특권을 보여줄 뿐만 아니라, 바로 이 사실 때문에 우리 속에 거하실 뿐만 아니라 영원토록 우리와 함께 하시는 "또 다른 보혜사"가 보내심을 받을 수 있었다.

우리는 주님과 한 영이다. 그 영은 우리를 머리와, 즉 그리스도와 연합을 이루는 일을 하신다. 그 결과 우리는 서로 하나의 몸을 이루었다.

여기서 우리는 진정 교회가 무엇인지에 대한 중차대한 진리를 볼 수 있다. 사도 바울이 말하는 교회는 "함께 일으킴을 받고 그리스도 예수 안에서 함께 하늘에 앉아"(엡 2:6) 있는 사람들의 모임이다. 에베소서는 다른 서신들과는 달리, 사람을 자신이 지은 죄들(sins) 가운데 사는 존재로 말하지 않고, 다만 하나님에 의해서 영혼이 살리심을 받기 이전까지 그저 "죄와 허물로 죽어 있는 상태에 처해 있는 존재"로 말한다. 하나님이 오셔서 죄들 가운데 죽어 있는 영혼을 찾아내시고, 그리스도와 함께 그 영혼을 다시 살리셨다. 이것은 전적인 하나님의 권능의 역사이며 또한 하나님의 은혜의 역사이다. 교회가 어디에 세워지는 것인지를 볼 수 있기 이전에, 우리는 먼저 하나님의 완전한 은혜와 그 원천을 보아야 한다. 우리는 우선적으로 그곳으로 인도되어야 한다.

육신은 개입할 여지가 없다. "육신에 있는 자들은 하나님을 기쁘시게 할 수 없으며,"(롬 8:8) "우리는 육신에 있지 아니하고 영에 있기" 때문이다(롬 8:9). 비록 육신과의 싸움 가운데 있을지언정, 우리는 더 이상 육신에 있지 않다. "그러므로 우리가 이제부터는 아무 사람도 육체대로 알지 아니할"(고후 5:16) 필요가 있다. 하나님의 우편에 있는 그리스도의 자리가 곧 우리의 자리이다. 영혼을 겸손케 하는 내적인 갈등과 고뇌의 역사는 우리를 이 지점까지 이끌고 가는 것으로 작용했다. 그리고 마침내 우리 속에 선한 것이란 없음을 고백하게 만들었다. 우리는 다만 "허물과 죄로 죽어" 있을 뿐이었다. 그렇다면 이스라엘에 대해서 하나님은 무슨 역사를 하신 것인가? 라고 묻고 싶을 것이다. 나는 어디서, 어떻게 그에 대한 진실을 배울 수 있는가? 내가 죽어 있었고, 아무 움직임도 없었을 때 그리스도께서 오셨다. 오셨을 뿐만 아니라, "우리를 대신하여 죄가 되심으로써 우리로 하여금 저의 안에서 하나님의 의가 되게"(고후 5:21) 하셨다. 그렇게 그리스도께서 오셨다. 그렇다면 이제 우리는 무엇을 기대할 수 있는가? 하나님이 어떤 분이신가에 따라서 기대해야지, 결코 우리 자신의 어떠함에 따라서 생각해서는 안된다. "만일 하나님이 우리를 위하시면 누가 우리를 대적하리요? 자기 아들을 아끼지 아니하시고 우리 모든 사람을 위하여 내어 주신 이가 어찌 그 아들과 함께 모든 것을 우리에게 은사로 주지 아니하시겠느뇨?"(롬 8:31,32) 우리는 하나님이 뜻하신 바에 따라서, 하나님이 하신 일에 따라서 생각해야 한다. 만일 내가 '하나님이 어떻게 내가 지은 죄들로부터 나를 구원하실 수 있는가?' 라고 묻는다고 해보자. '하나님께서 자기 아들을 십자가에 내어주시고 또 그분을 죽은 자 가운데서 일으키심으로써, 그렇게 하나님이 우리의 구원에 필요한 모든 일을 마치시고 또 완성하신 일에 기초해서 나를 구원하셨다' 라고 대답해야 하지 않겠는가? 그리스도께서 하나님의 우편에 앉으신 일이 교회가 들어가게 된 자리의 근거이자 열쇠이다.

하나님이 하신 이 모든 일은 무엇을 위한 것이었는가? 바로 내가 지은 죄들을 위한 것이었고, 그것을 위해서 그리스도께서 죽으셨다. 그리스도는 나의 죄들을 위해서 죽으셨다. 어째서 다시 살아나신 것인가? 예수 그리스도는 의로우신 분이시기에 하늘에서 영광의 자리를 차지하기 위해서였다. 그 의로우신 분께서 지상에서 거절을 당하셨고, 그 의로우신 분께서 하늘로 올리우셨다. 하나님은 지상에서 공의로 통치하실 수 없으셨고, 그 사실은 유일하게 의로우신 사람이신 그리스도께 합당한 간증이 될 수 없었다. 왜냐하면 그 당시 그리스도는 지상에서 공의로운 통치를 시작하셔야만 했기 때문이다. 그래서 하나님은 의(義) 때문에 그리스도께 하늘에서 "정사와 권세들" 보다 높은 자리를 주셔야만 했던 것이다.

145

이제 의(義)가 이루어졌고, 따라서 의가 전파되고 있다. 왜냐하면 그리스도께서 열납되었고, 성령님을 보내실 수 있게 되었기 때문이다. 그리스도께서 하늘에 올라가신 결과로, 우리는 성령님을 받았다. 성령님은 지상에 계신 그리스도를 의로운 분으로서 인을 치셨다. 성령님이 강림하셨고, 이제는 우리를 인치신다. 왜냐하면 우리가 그리스도 안에서 하나님의 의(義)가 되었기 때문이다.

이 때문에 우리에게 두 가지 사항이 이루어졌다. 우리 마음에 양자의 영이 임했고, 그리스도와 연합을 이루게 되었다. 우리는 그리스도로 말미암아 복을 받았을 뿐만 아니라, 우리는 그리스도와 함께 일으킴을 받았고, 또 그리스도 예수 안에서 함께 하늘에 앉게 되었다. 이 모든 것은 우리가 그리스도와 함께 복을 받았음을 보여준다. 따라서 우리는 아버지의 자녀일 뿐만 아니라, 그리스도의 지체들이다. 성령님은 모든 지체들을 한 몸 안에서 머리와 연합시키는 일을 위해서 보내심을 받았다. 만일 내가 그 영 안에 있고 또 육신에 있지 않다면 (그리고 당신도 그 영 안에 있고 또 육신에 있지 않다면) 거기에 어찌 많은 영들이 있을 수 있는가? 오직 하나의 영만이 있을 뿐이다. 당신 안에 있는 영과 내 안에 있는 영은 오직 하나의 영이다. 한 분 성령님께서 내려 오셨고, 모든 지체들을 하늘에 있는 머리와 연합시키는 일을 하신다. (그리스도께 주어진 것과 같은) 유일한 생명이 있는 것은 아니지만, 성령님은 하나의 몸으로 모으는 일을 하도록 보내심을 받았다. 우리와 그리스도와의 관계에서 또 다른 중요한 요소에는 신부(the bride)가 있는데, 신부란 그리스도의 어떠하심과 그리스도의 소유 등 그리스도의 모든 것에 동참하도록 완벽한 연합을 이루고 있는 존재를 의미한다. 그리스도께서 의로우신가? 나 또한 의롭다. 그리스도께서 생명을 가지고 계신가? 나 또한 생명을 가지고 있다. 나는 그리스도께서 가지고 계신 것과는 전혀 별개의 무슨 생명, 무슨 의, 무슨 영광을 가지는 것에 대해선 전혀 관심이 없다. 오로지 그리스도와 그분에게 속한 것에만 관심이 있다. 우리에게 주어진 자리는 얼마나 영광스러운 것인가! 우리는 죽은 상태에 있었지만, 이제는 그리스도와 함께 하는 자리에 들어왔다. "주의 어떠하심과 같이 우리도 세상에서 그러하니라." (요일 4:17) 이 믿음은 우리에게 심판 날에 담대함을 준다. 질그릇 같은 우리가 주의 어떠하심과 같은 존재가 되었고, 주의 몸의 지체로서 그 살 중의 살이요 뼈 중의 뼈가 되었다. 에베소서 5장에는 창세기 2장에 대한 암시가 있다. 어쨌든 우리는 그리스도와 완전한 연합을 이루고 있다. 사람이 자기 육체를 오로지 양육하여 보호하는 것처럼, 그리스도는 우리를 그렇게 돌보신다.

146

에덴동산을 다스리며 지키는 일은 이브의 몫이 아니라 아담의 몫이었다. 이브는 기업이 아니었다. 그렇다면 이브는 무엇이었는가? 아담에게서 나온 존재로서 돕는 배필이었고, 아담을 의지하고 또 자기 남편이 소유한 것을 자신의 복으로 누리면 되었다. 교회와 그리스도의 관계도 마찬가지이다. 그 모든 책임은 그리스도에게 있지만, 그 모든 복을 교회에 주시는 것이 또한 그리스도의 기쁨이다. 그리스도는 교회가 그 모든 복을 받아 누리는 것을 더 큰 기쁨으로 여기신다. 그렇다면 교회의 안전은 보장된다. 과연 누가 심판자이신가? 그리스도이시다. 그리스도는 어떻게 심판하시는가? 그리스도께서 나에게 주신 의(義)를 따라서 심판하신다. 그렇다면 나는 심판대 앞에서 영광스러운 존재로 서게 될 것이다. 사도 바울은 그에 대해 무어라고 말하고 있는가? 사도 바울은 그리스도의 심판대를 생각하면서 "우리가 주의 두려우심을 알므로 사람을 권하노니"(고후 5:11)라고 말했다. 과연 바울은 주의 두려우심을 생각하면서 떨었는가? 그렇지 않다. 다만 몇몇 사람들을 생각하면서 주의 두려우심을 일깨우며 권면할 필요를 느꼈을 뿐이다. 만일 나도 주의 두려우심을 생각할진대, 다른 사람들을 생각하면서 복음을 멸시하는 일을 하지 말도록 권할 것이다. 그 날의 영광은 우리가 지금 하나님 앞에 자주 서야 하는 이유인 동시에 그 수단인 것이다.

우리가 이러한 것을 우리의 분깃으로 여길 때, 우리의 생각은 얼마나 달라지는가! 교회를 그리스도 안에 있는 존재로 볼 때, 교회가 무엇인지에 대한 중요한 원리를 발견한다. 의가 열납되었다. 이 말의 핵심은 우리가 의를 받은 것에 있지 않고, 하나님이 의를 받으신 사실에 있다. 그 결과로 성령님이 이 땅에 내려오셨던 것이다. 신부는 아직 완성되지 않았다. 하나님이 오래 참으시는 동안, 여전히 모이고 있는 많은 영혼들이 있다. 완성되면 우리는 더 이상 지상에 있지 않을 것이다. 교회의 또 다른 측면이 있다. 교회는 "성령 안에서 하나님의 거하실 처소가 되기 위하여 예수 안에서 함께 지어져"(엡 2:22) 가고 있다는 점이다. 이것은 교회의 지상에 속한 특징을 가리킨다(엡 2장). 어쨌든 인간은 그 모든 것을 손상시킬 것이긴 해도, 하나님 쪽에서의 사실은 변경시킬 수 없다. 하나님은 교회에 자신의 처소를 가지고 계신다. 지상에 있는 낙원에서 하나님은 거하지 않으셨다. 하나님은 하늘에 계셨고, 사람은 땅에 있었다. 아담은 "주의 장막이 어찌 그리 사랑스러운지요"(시 84:1)라고 말할 수 없었다. 하지만 지금 하나님은 직접적으로 은혜로 역사하시고, 사람을 자신의 집에 들어오도록 허용하신다.

사람은 하나님과 함께 거할 것이고, 하나님은 사람과 함께 거하실 것이다(출 15:17, 29:45). 하나님은 우리에게 자신의 안식에 들어갈 약속을 주셨다. 하나님은 은혜 가운데 안식하고 계신다. 은혜의 열매는 결국 하나님이 우리를 이 안식에 들어가게 하는 것이다. 만일 내가 하나님의 마음을 헤아릴 수 있다면, 나는 은혜를 헤아릴 수 있을 것이다. 찬송 받으실 하나님 안에는 우리가 측량할 수 없는 무언가가 있다. 예수님이 그 측량의 기준이시다. 예수님은 이 땅에 오셨다가, 하나님이 거하시는 그 복된 장소로 돌아가셨다. 그리고 주님은 "너희는 마음에 근심하지 말라 하나님을 믿으니 또 나를 믿으라 내 아버지 집에 거할 곳이 많도다 그렇지 않으면 너희에게 일렀으리라 내가 너희를 위하여 처소를 예비하러 가노니 가서 너희를 위하여 처소를 예비하면 내가 다시 와서 너희를 내게로 영접하여 나 있는 곳에 너희도 있게 하리라"(요 14:1-3)고 말씀하셨다. 주님은 장차 우리가 주님과 함께 거할 장소에 앞서 들어가신 인자이시다. 하나님은 이 땅에서 안식하실 수 없으시다. 왜냐하면 이 세상은 하나님의 마음과 뜻에 합한 것이 전혀 없기 때문이다. 장래에 우리가 들어갈 그곳은 모든 것이 하나님께 합당한 곳이다. (출애굽기 29장, 그리고 솔로몬의 성전, 그리고 사도행전 7장 48절을 보라.) 하나님에게는 이스라엘 백성들이 범죄하고 떠날 때까지 집이 있었다. 하지만 이제 하나님은 새로운 집을 가지게 될 것이다. 바로 성령을 통해서 하나님의 거하시는 처소로서의 교회인 것이다.

147

사람은 책임의 자리에 있었지만, 거기서 실패했다. 하나님은 이제 자신이 그 능력으로 이루신 일의 복된 결과를 가져오셨다. 하나님은 성도들을 통해서 영광을 받으셨는가? 장차 하나님은 믿는 모든 사람들을 통해서 찬양을 받으실 것이다. 오늘날 교회는 교회가 처음 "사도들이 큰 권능으로 주 예수의 부활을 증거하니 무리가 큰 은혜를"(행 4:33) 받았을 때의 모습을 유지하고 있는가? 만일 당신이 오늘날 성령의 능력을 의지하고, 성경에서 정한 교회의 원리를 따라서 실제적으로 모이고 있는 사람을 6명을 얻을 수 있다면, 그것은 은혜의 승리이며, 엄청 감사할 일이다. 흔히 사람들은 그처럼 아름다운 양무리가 어디 있는가? 라고 말한다. 하지만 하나님은 장차 그러한 교회를 소유하실 것이다. 분명 이 땅에서는, 지상에 속한 특성상 실패가 없을 수는 없지만, 몸 안에서는 실패가 있을 수 없다. 교회는 아직 완성되지 않았다. 교회가 더 모이게 되면, 오래 참음도 끝날 것이다. 그러므로 우리는 지금 교회가 다 모이지 않았다는 것을 알 수 있다. 처음 예루살렘에 있는 교회는 완성되었을 때의 모습처럼 분명 하나님의 처소였다. 그때 교회에는 이스라엘 진에 있던 아간과 같은 사람은 없었다. 하지만 유다서에 보면 가만히 들어온 거짓 형제들이 있었는데, 이러한 사람들이야말로 특별히 하나님의 심판의 대상이었다. 그럼에도 이 모든 일은 하나님이 거하시는 처소의 성격을 바꾸지 못한다.

에베소서 4장은 우리가 다 믿음의 하나됨과 그리스도의 장성한 분량의 충만에 이르기까지 그리스도의 몸을 세우도록 은사가 주어지게 된 은혜의 경영에 대해서 말해준다. 사도들과 선지자들이 그

터였고, 필요한 모든 것이 주어졌다. 우리는 지금 연약함을 보고 있지만, 머리되신 그리스도 안에 보호하고 양육하는 역사가 있다. 이러한 역사는 실패할 수 없다.

고린도전서 12장 13절에 보면 한 몸이 있다. 이것은 단순히 생명을 소유하고 있는 정도를 가리키지 않는다. 그 보다 더 나아간 모습이다. "우리가 유대인이나 헬라인이나 종이나 자유자나 다 한 성령으로 세례를 받아 한 몸이 되었다." 그리고 나서 바울은 능력이 나타나는 증거로 전체적인 은사들의 목록을 제시한다. 사도들과 선지자들은 에베소서 2-4장에서 터를 놓는 역할로 끝난 것으로 소개되었다. 복음전하는 자, 목사, 교사는 몸이 완성될 때까지 교회의 영구적인 은사로 존재할 것이다. 오늘날 교회의 황폐화 시대에, 우리가 무엇을 붙들든지 간에 주님은, 자기 백성들을 교회에서 빼내시는 것이 아니라 그들이 그 속에서 부족하다고 느끼는 것들을 완전하고도 충만하게 보충하는 일을 하게 하신다.

우리가 들어간 지위에 속한 특권들을 보면서, 우리는 그 지위에 속한 의무 또한 잊지 말아야 한다. 즉 그리스도께서 우리에게 그러한 지위를 주신 것은 우리로 성결 가운데 행하도록 하기 위한 것이다. 우리 속에 내주하시는 보혜사는 그 무슨 이유로든지 우리를 떠나는 일이 없을 뿐더러, 성령의 임재는 결코 중단되지 않는다. 그 능력은 없어지지 않을 것이다. 그렇다면 어찌 연약함이 있는 것일까? 그래서 성경은 "하나님의 성령을 근심하게 하지 말라" (엡 4:30)

고 말하는 것이다. 또 성경은 "그러므로 네 눈이 성하면 온 몸이 밝을 것이요"(마 6:22)라고 말한다. 만일 나의 눈이 성하지 못하면, 나는 무엇을 해야 하며, 어떻게 해야 할지 도무지 알 수 없게 된다. 따라서 우리는 우리의 영안(靈眼)을 밝게 해야 한다. 그럴 때 우리 삶에 능력이 나타나게 될 것이다. 우리 삶의 능력은 하나님의 뜻에 따라 살며, 하나님의 거룩을 좇아 살 때 나타나게 된다. 우리의 생각을 하나님의 생각으로 대치할 때, 거기엔 참 위안이 있다.

148

이상한 일이지만 성도들 가운데에는 하나님의 사랑에 대한 확신의 결핍이 종종 일어난다. 거기에는 아버지와 자녀 관계의 의식이 없다. 이러한 영적 실패를 통과하는 사람들에겐 아버지의 사랑을 회복하는 일이 우선사항이다. 하나님은 이스라엘 백성들이 목이 곧은 백성이기에 함께 올라가지 아니하실 것이라고 말씀하지 않았던가?

나는 하나님과의 관계의 자리에 들어왔다. 그렇다면 이 관계를 흔들 수 있는 것은 아무것도 없다. 하나님의 사랑을 의식하고 있는 한, 우리 주변 사람들의 온갖 미신은 우리를 조금도 건들 수 없다. 죄 사함을 확신하는 것도 마찬가지 아닌가? 나는 지난 수년 동안 하나님의 사랑과 죄 사함을 확신해오면서, 이 사실들을 충분히 경험했다. 속죄는 어떤가? 그것도 마찬가지이다. "하나님께로서 난 자마다 범죄치 아니하는 줄을 우리가 아노라 하나님께로서 나신 자가

저를 지키시매 악한 자가 저를 만지지도 못하느니라."(요일 5:18)

    이제 그리스도 안에서 그리스도와의 연합의 믿음을 가진 모든 사람은 그리스도의 몸의 지체이다. 이제 사랑이 자연스럽게 모든 지체된 사람에게로 흐르게 된다.

제 12장
하늘에서 일어나는 영적 전쟁
Conflict in Heavenly Places

에베소서 6장 10-18절을 읽으시오.

167

에베소서 1장 3절에서 말하는 교회의 신령한 복들은 우리를 전쟁 상태로 몰아넣는다. 만일 그러한 복을 받은 일이 없다면, 우리는 아무 전쟁도 맞닥뜨리지 않을 것이다. 따라서 교회는 유대인 혹은 이방인 보다 더욱 실패할 수 있는 여지가 있다. 왜냐하면 유대인이나 이방인은 그러한 신령한 복으로 부르심을 받은 일이 없기 때문이다. 유대인의 경우, 그리스도인에게는 끔찍스러운 일이 될 수 있는 많은 일들을 저지를 수 있으며, 게다가 그 양심에 아무 가책도 없을 수가 있다. 하나님을 아는 지식을 가리고 있었던 휘장이 찢어졌고, 빛이 비추고 있다. 그 결과 악을 조금도 용납할 수 없는 거룩한 성소로부터 이 빛이 흘러나오고 있다. 그리스도인은, 만일 빛 가운데 행치 않는다면 유대인 보다 더욱 위험한 지위에 있다. 사탄은 가만히 들어와 나를 많은 것들로 유혹할 것이다. 하지만 만일 내가 거기에 반응하고 호응하지 않는다면 그것은 나에게 아무 힘도 발휘하지 못한다. "주 안에서 강건하라." 이것이 능력의 자리이다. 그리스도 안에서 외엔 능력이 없다. 나의 영혼이 그리스도와의 은밀한 교통 속에 있지 않거나 또는 그리스도로 말미암아 하나님 아버지와의 사귐 속에 있지 않다면, 나에겐 아무 힘도 능력도 없다. 사탄의 직접적인 능력이 바로 이 점을 공략한다. 그래서 우리 영혼으로 하여금 그리스도 안에서 사는 삶으로부터 벗어나도록 애쓴다. 따라서 하나님의 전신갑주를 입을 필요가 있다. 이것 외엔 사탄의 공격을 막을 방법이 없다. 능력은 항상 하나님을 의지하는 정신을 가지고, 모든 일에 하나님을 의존하는 데서 나온다.

사무엘상 14장을 보면 우리는 사울과 요나단 사이의 차이점을 볼 수 있다. 하나님을 의존함으로써 모든 장애물을 극복하는 것과 자신이 가진 힘과 자원을 의지함으로써 실패하는 것을 볼 수 있다. 요나단은 하나님을 의지하고 손발로 기어 올라가 대적들을 물리쳤다 (삼상 14:6-15). 일이 되어가는 모양을 보고 사울은 주의 마음을 알고자 하는 마음도 없이 그저 제사장을 불렀다. 그는 어느 정도는 바른 의도를 가지고 있었다. 하지만 자신이 무엇을 해야 할지 하나님께 물을 때, 전적으로 하나님을 의지하지 않았고, 자신의 어리석은 맹세 때문에 모든 것을 망쳐 버렸다. 백성들은 요나단에 대해서

"그가 오늘 하나님과 동역하였음이니이다"(45절)라고 말했다. 하나님이 그와 함께 하셨고, 우리가 종종 느끼는 수치심과는 달리 그는 힘과 자유를 얻었다. 왜냐하면 그는 하나님과 동역하였기 때문이다. 우리가 하나님을 의지해서 행할 때, 거기엔 하나님 앞에서 누리는 자유가 있기 마련이다. 요나단은 자신이 무엇을 해야 할지 알았고, 꿀을 찍어 먹었다. 왜냐하면 그는 자유 가운데 행했기 때문이다. 하나님이 그와 함께 하셨다. 반면 사울은 율법주의적인 정신 아래 있었고, 자신 뿐만 아니라 백성들까지도 율법의 멍에 아래 있게 만들었다.

그리스도 안에 있는 은혜가 에베소서 전체를 통해서 충분히 설명된 후, 이제 "주 안에서 강건하라"(엡 6:10)는 말씀이 주어졌다. 우리는 여기서 개인적으로 하나님을 의지할 수 있는 특권을 보게 된다. 모든 것이 어둡게 보이는 상황 속에 있을지라도, 주님은 우리에게 강건하라고 말씀하신다. 이러한 권면의 말씀은 항상 겸손한 마음과 짝을 이룬다. 무슨 일을 당할지라도 주님을 의지할 때, 우리는 강건함을 입을 수 있다.

168
우리는 하나님의 전신갑주를 입으라는 부르심을 받았다. 우리는 이 구절을 우리 자신에게 적용해야 한다(엡 6:11-13). 이상히 여기지 말라. 우리의 싸움은 사람들을 상대하는 것이 아니라 악한 영들을 상대하는 것이다(12절). 불신자 외에 누가 악한 영들을 간과하고 무시할 수 있단 말인가? 우리 싸움의 대상은 통치자들과 권세들이다. 그들은 이 어둠의 세상 주관자들이다. 그들은 하늘 처소(in the heavenly places)에 있는 영적인 악한 존재들이다. 그러한 존재들을 상대하려면 우리에겐 하나님의 전신갑주가 필요하다. 기억하라. 이것은 신분의 문제가 아니라 실제적인 능력의 문제이다. 이것은 전적인 의존의 문제이다.

만일 우리가 말씀을 상고하지 않은 채 기도하거나, 혹은 기도 없이 말씀을 읽는다면, 우리는 아무런 인도를 받지 못한다. 이는 예수님께서 "내 말이 너희 안에 거하면 무엇이든지 원하는 대로 구하라 그리하면 이루리라"(요 15:7)고 말씀하셨기 때문이다. 말씀 없이 기도하는 것은 결코 받지도 못하는 어리석은 것을 구하는 꼴이 되고 만다. 우리는 마귀의 능력이 아니라 마귀의 간악한 계략들을 대적해야 한다(엡 6:11). 이것은 그의 간계를 발견하고자 사탄을 많이 앎으로써 되는 것이 아니라, 하나님의 임재 속에 거함으로써 된다. 이 일을 그리스도와 함께 함으로써 가능하다. 왜냐하면 그리스도는 항상 하나님을 의지하셨기 때문이다. 그런즉 서서 진리로 허리띠를 삼아 단단히 매야 한다. 진리는 결코 우리의 것이 아니다. 다만 진리를 사랑하는 마음이 진리를 불러올 뿐이다. 만일 독자의 영혼이 자신이 듣고 있는 진리를 통해서 하나님과의 사귐 속에 있지 않다면, 당신의 허리는 결코 진리로 띠를 두르고 있는 것이 아니다. 의의 흉배를 붙이는 것, 즉 하나님의 의(義)로 우리 가슴 또는 마음에 두르는 것은 단순히 의롭게 되었다는 사실에만 머무는데 그치지 않고, 우리 양심 속에 조금도 선한 것이 거하지 않는다는 사실에 확고히 거하며 진리로 허리띠를 두르는 것으로 된다(14절). 그리스도의 피가 양심을 선하게 만들며, 성령으로 행하는 것이 양심을 선하게 유지시킨다.

15절. "평안의 복음이 준비한 것으로 신을 신고." 평안의 복음은 그리스도 안에서 우리의 것이다. 그럼에도 나는 내 마음에 평안의 영을 가져야 하며, 평강의 하나님을 통해서 성화의 삶을 살아야 하며, 나의 영혼은 평안의 영 안에서 하나님과 함께 하면서 하나님과의 교통 속에 거해야 한다. 이러한 것이 없다면 성도가 어찌 평안을 항상 누릴 수 있단 말인가? 성도는 평안의 복음을 먼저 누리는 가운데서, 항상 평안의 복음을 전할 준비가 된 사람이다.

16절. "모든 것 위에 믿음의 방패를 가지고 이로써 능히 악한 자의 모든 불화살을 소멸하고." 믿음의 길을 걸어가면서, 정말 은혜가 필요한 죄에 봉착하거나 혹은 진정으로 은혜를 누릴 수 있는 능력을 필요로 하거나, 어느 쪽이든 나는 모든 슬픔을 능가하는 완전한 평안 가운데 계속해서 걸어가야 한다. 모든 불화살은 하나님을 의지하는 마음을 소멸시키는 작용을 한다. 따라서 우리에겐 믿음의 방패가 필요하다. 믿음은 영혼을 구원할 때 뿐만 아니라 영적 싸움을 할 때에도 절대적으로 필요하다. 우리는 모든 일에 하나님의 은혜를 확신함으로써 힘을 얻을 필요가 있다.

169

17절. "구원의 투구와 성령의 검 곧 하나님의 말씀을 가지라." 나는 나의 머리를 들고 앞을 바라본다. 왜냐하면 나는 영원히 안전하다는 것을 알기 때문이다. 구원은 이미 나에게 이루어진 일이다. 나는 우선적으로 구원에 대한 내적인 확신을 얻어야 한다. 내 속에서 역사하는 것은 능력이다. 성령의 검을 사용하기 전에, 먼저 진리로 허리띠를 매고, 의(義)로 마음을 보호하고, 평안의 복음으로 신을 신고, 그리고 나서 (믿음의 방패를 들고 구원의 투구를 쓴 후) 나는 성령의 검을 들 수 있다. 말씀이 나의 양심을 순수하게 만든 일이 없이, 말씀을 사용하는 것만큼 위험스러운 일은 없다. 나 자신이 하나님에게서 받은 것, 혹은 나의 영혼이 경험한 것을 넘어서 (내가 직접 체험하지 않은 것을 체험한 것처럼) 말씀을 사용하는 것은 나 자신을 사탄의 손에 맡기는 일이 될 것이다. 나 자신이 하나님과의 교통 속에서 배우게 된 것을 넘어서, 하나님에게 속한 것들에 대해서 성도들과 대화를 나누는 것은 대단히 위험스러운 일이다. 그러한 것이 없이 싸우는 것은 치명적인 결과를 초래한다.

18절. "모든 기도와 간구를 하되 항상 성령 안에서 기도하고 이를 위하여 깨어 구하기를 항상 힘쓰며 여러 성도를 위하여 구하라." 말씀은 다른 사람들 보다는, 우선적으로 우리 자신을 다루는 것으로 사용되어야 한다. 하지만 기도는 의존의 표현이며 또한 의존의 연습이다. 만일 어떤 사람이 나에게 질문을 해올 때, 나는 그에 대해서 하나님께 묻지 않고 즉시 대답할 수 있다. 그렇게 하는 것은 그 사람을 하나님에게로 인도하는 것이 아니라 오히려 하나님에게서 멀어지게 하는 것으로 작용하기 쉽다. 어떤 문제나 어려움이 올 때, 우리는 과연 하나님께 나아가는가? 우리가 만일 하나님께로 나아간다면 그 일은 응답을 받을 것이고, 우리는 기도의 능력을 얻게 될 것이다. 그런 식으로 대처한다면, 어떤 상황이 닥칠지라도 아무런 어려움도 겪지 않게 될 것이다. 만일 간구가 그처럼 지속적으로 드려지기만 한다면, 우리에게 무슨 일이 닥쳤을 때, 그 특정한 것들에 대해 주님께 굳이 아뢸 필요조차 없게 될 것이다.

"성령 안에서 기도하라." 하나님이 들어주시는 기도와 성령 안에서 드리는 기도가 다를 수 있다. 예를 들어서 자녀가 모든 일에 아버지를 의지하는 것처럼 의지해서 하나님께 올리는 바램이나 갈망은 응답을 받는다. 그럴지라도 이러한 기도는 결코 "성령 안에서 드리는 기도(prayer in the Spirit)"는 아니다. 하나님의 영으로 행하면서 복을 구할 때, 우리 속에 있는 성령의 능력으로 기도가 응답된다. 이것이 바로 성령 안에서 드리는 기도이다. 하나님과의 사귐의 능력 가운데서 실제적으로 살아갈지라도 어려움에서 면제받는 것은 아니다. 우리는 응답을 기대하면서 기도하고 간구하는 능력을 내적으로 가지고 있다. 여기엔 나 자신을 위한 기도 뿐만 아니라 모든 기도에 대한 응답이 포함되어 있다. 나에겐 인내 가운데서 깨어 기다리는 일이 필요하다. 감미로운 기도의 영과 하나님을 의지하는 마음으로 하루를 시작한다고 생각해보자. 이 악한 세상에서 하루를 보내면서, 당신에게 수천수만 가지 걱정과 염려가 밀려온다. 하지만 당신은 영적으로 깨어 있고, 하나님에게 속한 것들과 그렇지 않은 것들을 분별하고 있다면, 모든 것이 기도와 간구의 결과로, 하나님의 마음에 따라서 정돈될 것이다. 그렇다면 겸손과 의존이 성도의 모든 행실의 특징으로 나타나게 될 것이다.

만일 우리가 그리스도와 동행하는 삶을 살고 있다면, 우리는 후회할만한 일에 관심을 두기 보다는, 형제 혹은 교회에 대한 그리스도의 관심에 우리의 관심을 기울이게 될 것이다. 그럴 때 우리는 그 성도에 대한 것이든 혹은 교회에 대한 것이든, 그 모든 것을 가지고 하나님께 나아가는 복된 특권을 누리게 될 것이다. 18절에 있는 말씀은 전신갑주를 입고 행하는 사람만이 할 수 있는 일이다.

170
사도 바울은 성도들의 사랑을 받아들였다. 성령 안에서 행하고 있다면, 우리 또한 우리의 일에 관심을 가진 다른 사람들의 도움을 받고 또 기꺼이 의존하고자 할 것이다.

JND

형제들의 집 도서 안내

1. 조지 뮐러 영성의 비밀
   조지 뮐러 지음/이종수 옮김/값 1,000원
2. 수백만을 감동시킨 사람을 감동시킨 바로 그 사람: 헨리 무어하우스
   존 A. 비올리 지음/이종수 옮김/값 1,000원
3. 내 영혼의 만족의 노래
   W.T.P 윌스톤 지음/이종수 옮김/값 1,000원
4. 모든 일을 하나님의 영광을 위하여 하라
   해리 아이언사이드 지음/이종수 옮김/값 1,000원
5. 잃어버린 영혼을 위해서 어떻게 기도해야 하는가
   오스왈드 샌더스, 찰스 스펄전 지음/이종수 옮김/값 1,000원
6. 윌리암 켈리의 로마서 복음의 진수
   윌리암 켈리 지음/이종수 옮김/값 5,000원
7. 이것이 거듭남이다(개정판)
   알프레드 깁스 지음/이종수 옮김/값 9,000원
8. 존 넬슨 다비의 영성있는 복음
   존 넬슨 다비 지음/이종수 옮김/값 5,000원
9. 로버트 클리버 채프만의 사랑의 영성
   로버트 C. 채프만 지음/이종수 옮김/값 5,000원
10. 영성을 깊게 하는 레위기 묵상
    C.H. 매킨토시 외 지음/이종수 옮김/값 5,000원
11. 존 넬슨 다비의 성경주석: 빌립보서
    존 넬슨 다비 지음/이종수 옮김/값 5,000원
12. 존 넬슨 다비의 히브리서 묵상(개정판)
    존 넬슨 다비 지음/정병은 옮김/값 11,000원
13. 조지 커팅의 영적 자유
    조지 커팅 지음/이종수 옮김/값 4,000원
14. 윌리암 켈리의 해방의 체험
    윌리암 켈리 지음/이종수 옮김/값 3,000원
15. 존 넬슨 다비의 성경주석: 골로새서(개정판)
    존 넬슨 다비 지음/이종수 옮김/값 8,000원
16. 구원 얻는 기도
    이종수 지음/값 5,000원
17. 영혼의 성화
    프랭크 빈포드 호올 지음/이종수 옮김/값 1,000원
18. 당신은 진짜 거듭났는가?
    아더 핑크 지음/박선희 옮김/값 4,500원
19. C.H. 매킨토시의 완전한 구원(개정판)
    C.H. 매킨토시 지음/이종수 옮김/값 5,500원
20. 존 넬슨 다비의 하나님의 뜻을 분별하는 법
    존 넬슨 다비 지음/이종수 옮김/값 1,000원
21. 존 넬슨 다비의 성경주석: 요한계시록
    존 넬슨 다비 지음/이종수 옮김/값 10,000원

22. 주 안에 거하라
해밀턴 스미스, 허드슨 테일러 지음/이종수 옮김/ 값 1,000원
23. C.H. 매킨토시의 하나님의 선물
C.H. 매킨토시 지음/이종수 옮김/값 4,000원
24. 존 넬슨 다비의 성경주석: 에베소서
존 넬슨 다비 지음/이종수 옮김/값 8,000원
25. 존 넬슨 다비의 영적 해방
존 넬슨 다비 지음/문영권 옮김/값 7,000원
26. 건강하고 행복한 그리스도인이 되는 법
어거스트 반 린, J. 드와이트 펜테코스트지음/ 값 1,000원
27. 존 넬슨 다비의 성경주석: 로마서
존 넬슨 다비 지음/문영권 옮김/값 12,000원
28. 존 넬슨 다비의 성화의 길
존 넬슨 다비 지음/이종수 옮김/값 4,500원
29. 기독교 신앙에 회의적인 사랑하는 나의 친구에게
로버트 A. 래이드로 지음/박선희 옮김/값 5,000원
30. 이수원 선교사 이야기
더글라스 나이스웬더 지음/이종수 옮김/값 5,000원
31. 체험을 위한 성령의 내주, 그리고 충만
조지 커팅 지음/이종수 옮김/값 4,500원
32. 존 넬슨 다비의 성경주석: 갈라디아서
존 넬슨 다비 지음/이종수 옮김/값 4,800원
33. 존 넬슨 다비의 성경주석: 요한서신서·유다서
존 넬슨 다비 지음/문영권 옮김/값 8,000원
34. 존 넬슨 다비의 성경주석: 데살로니가전·후서
존 넬슨 다비 지음/이종수 옮김/값 8,000원
35. 그리스도와의 연합과 구원(성경공부교재)
문영권 지음/값 2,500원
36. 그리스도와의 연합과 성화(성경공부교재)
문영권 지음/값 3,000원
37. 사도라 불린 영적 거장들
이종수 지음/값 7,000원
38. 당신은 진짜 하나님을 신뢰하는가(개정판)
조지 뮬러 지음/ 이종수 옮김/값 5,500원
39. 그리스도와 연합된 천상적 교회가 가진 영광스러운 교회의 소망
존 넬슨 다비 지음/ 문영권 옮김/ 값 13,000원
40. 가나안 영적 전쟁과 하나님의 전신갑주
존 넬슨 다비 지음/ 이종수 옮김/ 값 2,000원
41. 죄 사함, 칭의 그리고 성화의 진리
고든 헨리 해이호우 지음/ 이종수 옮김/ 값 2,000원
42. 하나님을 찾는 지성인, 이것이 궁금하다!
김종만 지음/ 값 10,000원

43. 이것이 그리스도의 심판대이다
                       이종수 엮음/ 값 8,000원

44. 존 넬슨 다비의 성경주석: 마태복음
                 존 넬슨 다비 지음/이종수 옮김/값 16,000원

45. C.H. 매킨토시의 하나님에 관한 진실
                  C.H. 매킨토시 지음/이종수 옮김/값 1,000원

46. 존 넬슨 다비의 성경주석: 여호수아
                  존 넬슨 다비 지음/문영권 옮김/값 8,000원

47. 찰스 스탠리의 당신의 남편은 누구인가
                   찰스 스탠리 지음/이종수 옮김/값 4,000원

48. 존 넬슨 다비의 성령론
                 존 넬슨 다비 지음/이종수 옮김/값 13,000원

49. 존 넬슨 다비의 영적 해방의 실제
                  존 넬슨 다비 지음/이종수 옮김/값 5,000원

50. 존 넬슨 다비의 주요사상연구: 다비와 친구되기
                        문영권 지음/값 5,000원

51. 존 넬슨 다비의 죽음 이후 영혼의 상태
                  존 넬슨 다비 지음/이종수 옮김/값 5,000원

52. 신학자 존 넬슨 다비 평전
                        이종수 지음/ 값 7,000원

53. 존 넬슨 다비의 요한복음 묵상
                  존 넬슨 다비 지음/이종수 옮김/값 8,000원

54. 프레드릭 W. 그랜트의 영적 해방이란 무엇인가
              프레드릭 W. 그랜트 지음/이종수 옮김/값 4,500원

55. 홍해와 요단강을 통해서 나타난 하나님의 구원
                   월리암 켈리 지음/ 이종수 옮김/ 값 4,800원

56. 그리스도와의 연합을 위한 성령의 역사
                  월리암 켈리 지음/ 이종수 옮김/ 값 19,000원

57. 누가, 그리스도인인가?
                 시드니 롱 제이콥 지음/ 박영민 옮김/ 값 7,000원

58. 선교사가 결코 쓰지 않은 편지
                프레드릭 L. 코신 지음 / 이종수 옮김/ 값 9,000원

59. 사랑의 영성으로 성자의 삶을 살다간 로버트 채프만
                   프랭크 홈즈 지음 / 이종수 옮김/ 값 8,500원

60. 므비보셋, 룻, 그리고 욥 이야기
                    찰스 스탠리 지음 / 이종수 옮김/ 값 7,500원

61. 구원의 근본 진리
                  에드워드 데넷 지음 / 이종수 옮김/ 값 6,500원

62. 회복된 진리, 6+1
                  에드워드 데넷 지음/ 이종수 옮김/ 값 6,000원

63. 당신의 상상보다 더 큰 구원
                프랭크 빈포드 호올 지음/ 이종수 옮김/ 값 6,500원

64. 뿌리 깊은 영성의 그리스도인으로 사는 법
　　　　　　　　　　　찰스 앤드류 코우츠 지음/ 이종수 옮김/ 값 9,000원
65. 천국의 비밀 : 천국, 하나님 나라, 그리고 교회의 차이
　　　　　　　프레드릭 W. 그랜트 & 아달펠트 P. 세실 지음/이종수 옮김/ 값 7,000원
66. 존 넬슨 다비의 성경주석: 베드로전 · 후서
　　　　　　　　　　　　　　존 넬슨 다비 지음/장세학 옮김/ 값 7,500원
67. 존 넬슨 다비의 영광스러운 구원
　　　　　　　　　　　　　　존 넬슨 다비 지음/이종수 엮음/ 값 15,000원
68. 어린양의 신부
　　　　　　　W.T.P. 월스톤 & 해밀턴 스미스 지음/ 박선희 옮김/ 값 10,000원
69. 성경에서 말하는 회심
　　　　　　　　　　　　　C.H. 매킨토시 지음/ 이종수 옮김/ 값 6,000원
70. 십자가에서 천년통치에 이르는 그리스도의 길
　　　　　　　　　　　　　존 R. 칼드웰 지음/ 이종수 옮김/ 값 7,500원
71. 그리스도와의 연합이란 무엇인가?
　　　　　　　　　　　　　에드워드 데넷 지음/ 이종수 옮김/ 값 9,000원
72. 하늘의 부르심 vs. 교회의 부르심
　　　　　　　　　　　　　존 기포드 벨렛 지음/ 이종수 옮김/ 값 16,000원
73. 당신은 진짜 새로운 피조물인가
　　　　　　　　　　　　존 넬슨 다비 외 지음/ 이종수 옮김/ 값 12,000원
74. 플리머스 형제단 이야기
　　　　　　　　　　　　　앤드류 밀러 지음/ 이종수 옮김/ 값 14,000원
75. 바울의 복음, 그리스도의 영광의 복음
　　　　　　　　　　　　　존 기포드 벨렛 지음/ 이종수 옮김/ 값 9,000원
76. 악과 고통, 그리고 시련의 문제
　　　　　　　　　　　　　　　　　　　이종수 지음/ 값 9,000원
77. 요한계시록 일곱 교회를 향한 예언 메시지
　　　　　　　　　　　　　　존 넬슨 다비 지음/이종수 옮김/ 값 18,000원
78. 영광스러운 구원, 어떻게 받는가
　　　　　　　　　　　　　　존 넬슨 다비 지음/이종수 엮음/ 값 13,000원
79. 영광스러운 교회의 길
　　　　　　　　　　　　　　존 넬슨 다비 지음/이종수 엮음/ 값 22,000원
80. 성경을 아는 지식
　　　　　　　　　　　　　　존 넬슨 다비 지음/이종수 엮음/ 값 18,500원
81. 십자가의 도
　　　　　　　　　　　　　　존 넬슨 다비 지음/이종수 엮음/ 값 13,500원
82. 존 넬슨 다비의 성경주석: 고린도전후서
　　　　　　　　　　　　　　존 넬슨 다비 지음/이종수 옮김/값 18,500원
83. 존 넬슨 다비의 성경주석: 사도행전
　　　　　　　　　　　　　　존 넬슨 다비 지음/이종수 옮김/값 17,000원
84. 그리스도와의 연합을 위한 사도 바울의 기도
　　　　　　　　　　　　　　존 넬슨 다비 지음/이종수 옮김/값 10,000원

형제들의집에서 출간된
영적 해방과 그리스도와의 연합을 다룬 책

시드니 롱 제이콥, 누가, 그리스도인인가?, 값 7,000원
에드워드 데넷, 구원의 근본 진리, 값 6,500원
─────────, 회복된 진리, 6+1, 값 6,000원
─────────, 그리스도와의 연합이란 무엇인가?, 값 9,000원
앤드류 밀러, 플리머스 형제단 이야기, 값 14,000원
윌리암 켈리, 윌리암 켈리의 해방의 체험, 값 3,000원
─────────, 홍해와 요단강을 통해서 나타난 하나님의 구원, 값 4,800원
─────────, 그리스도와의 연합을 위한 성령의 역사, 값 19,000원
이종수, 사도라 불린 영적 거장들, 값 7,000원
─────, 신학자 존 넬슨 다비 평전, 값 7,000원
조지 커팅, 영적 자유, 값 4,000원
존 기포드 벨렛, 하늘의 부르심 vs. 교회의 부르심, 값 16,000원
─────────, 바울의 복음, 그리스도의 영광의 복음, 값 9,000원
존 넬슨 다비, 존 넬슨 다비의 영적 해방, 값 7,000원
─────────, 존 넬슨 다비의 성화의 길, 값 4,500원
─────────, 가나안 영적 전쟁과 하나님의 전신갑주, 값 2,000원
─────────, 존 넬슨 다비의 성령론, 값 13,000원
─────────, 존 넬슨 다비의 영광스러운 구원, 값 15,000원
─────────, 존 넬슨 다비의 영적 해방의 실제, 값 5,000원
─────────, 존 넬슨 다비의 요한복음 묵상, 값 8,000원
─────────, 당신은 진짜 새로운 피조물인가, 값 12,000원
─────────, 영광스러운 구원 어떻게 받는가, 값 13,000원
─────────, 요한계시록 일곱 교회를 향한 예언메시지, 값 18,000원
─────────, 영광스러운 교회의 길, 값 22,000원
─────────, 성경을 아는 지식, 값 18,500원
─────────, 십자가의 도, 값 13,500원
존 R. 칼드웰, 십자가에서 천년통치에 이르는 그리스도의 길, 값 7,500원
찰스 앤드류 코우츠, 뿌리 깊은 영성의 그리스도인으로 사는 법, 값 9,000원
찰스 스탠리, 찰스 스탠리의 당신의 남편은 누구인가, 값 4,000원
─────────, 므비보셋, 룻, 그리고 욥 이야기, 값 7,500원
찰스 매킨토시, C.H. 매킨토시의 완전한 구원, 값 4,600원
프레드릭 W. 그랜트, 영적 해방이란 무엇인가, 값 4,500원
프랭크 빈포드 호올, 당신의 상상보다 더 큰 구원, 값 6,500원
프레드릭 W. 그랜트 & 아달펠트 P. 세실, 천국의 비밀 : 천국, 하나님 나라, 그리고 교회의 차이, 값 7,000원
W.T.P. 월스톤 & 해밀턴 스미스, 어린양의 신부, 값 10,000원

"Praying with Paul"
by John Nelson Darby
Copyright©Les Hodgett, Stem Publishing
7 Primrose Way, Cliffsend, Ramsgate, Kent, U.K.

Korean translation copyright
ⓒ 2017 by Brethren House, Korea
All rights reserved

그리스도와의 연합을 위한 사도 바울의 기도
ⓒ형제들의 집 2017

초판 발행 • 2017.6.19
지은이 • 존 넬슨 다비
엮은이 • 이 종 수
발행처 • 형제들의집
판권ⓒ형제들의집 2017
등록 제 7-313호(2006.2.6)
Cell. 010-9317-9103
홈페이지 http://brethrenhouse.co.kr
카페 cafe.daum.net/BrethrenHouse
ISBN 978-89-93141-89-4 03230

＊값은 뒤표지에 있습니다.
＊잘못된 책은 바꿔드립니다.
＊서점공급처는 〈생명의말씀사〉입니다. 전화(02) 3159-7979(영업부)